청년공동체 바로세우기 | 느헤미야
(학습자용)

청년공동체 바로세우기 | 느헤미야(학습자용)

초판 1쇄 발행 | 2017. 2. 1
초판 4쇄 인쇄 | 2026. 2. 1
지은이 | 김상권
펴낸이 | 정신일
펴낸곳 | 크리스천리더
편 집 | 홍소희
교 정 | 성주희
일부총판 | 생명의 말씀사 (02) 3159-7979
등 록 | 제 2-2727호(1999. 9.30)
주 소 | 부천시 성주로 96번지 제일빌딩 6층
전 화 | (032) 342-1979
팩 스 | (032) 343-3567
도서 출간 상담 | E-mail:chmbit@hanmail.net
Homepage | cjesus.co.kr

ISBN : 978-89-6594-209-2 03230

정가 : 5,800원

더 이상 미룰 수 없는 한국교회 다음 세대를 세우는 마지막 대안, 청년공동체 바로 세우기 프로젝트

청년공동체 바로 세우기

청년공동체 바로세우기 학습자용

느헤미야의 원어적 의미를 찾는 영적 성숙 프로젝트

김상권 목사

[느헤미야]

>>> Nehemiah Project >>>

경건한 삶은 좋은 습관을 통해 만들어 지고, 좋은 습관은 반복되는 훈련을 통해 형성된다. 훈련은 선한 마음을 가짐으로 시작되고, 선한 마음은 하나님의 기준에 동의함으로 얻게 된다. 그렇기 때문에 경건한 삶은 결단이 필연적이다. 결단을 한다고 해서 경건한 삶이 완성되는 것은 아니지만, 일의 시작과 과정을 생각할 때 선한 것을 먼저 결단하는 것은 중요한 원칙이다. 그래서 선인들은 '시작이 반이다'라는 말을 하였고 성경에서도 마음가짐의 중요성을 누차 교훈하고 있다. 하지만 실천으로 표현되지 않는 결단은 기분 좋은 상상에 불과하다. 작은 것이라도 실천하게 될 때 우리는 경건한 삶을 시작하게 된다. 우리는 이 사실을 느헤미야를 통해 배우게 된다.

CLS 크리스천리더

청년 공동체 바로 세우기를 위한 소그룹 사역 전략

청년 공동체 바로 세우기 소그룹 사역 전략은 총 다섯 가지의 전략을 가지고 각 청년 공동체에 맞게 조율 수립하여 각 공동체가 커리큘럼과 양육 체계를 가지고, 실질적인 영적 성숙의 가시화를 목표로 하는 청년 공동체 소그룹 사역 전문 매뉴얼입니다. 구체적인 세부안은 『청년 실종 공동체성으로 공략하라』(크리스천리더)를 참고하세요.

1. 공동체성 진단하기

1) 사역 현장의 양육, 예배, 교제, 전도 기능을 대표하는 사역들이 공동체성에 미치는 영향을 5점 척도로 회원들에게 체크하도록 한다.
2) 상대적으로 부족하다고 생각되는 부분을 함양하기 위한 사역을 점검하고 수정과 보완을 실시한다.
3) 정기적으로 진단하여 공동체성 함양을 파악한다.

<예시>

공동체성		양육 기능	예배 기능	교제 기능	전도 기능	소계
사역		( )	( )	( )	( )	
관계적 속성	친밀한 상호작용과 영향	01234	01234	01234	01234	
	공동 목적 추구 행위	01234	01234	01234	01234	
	전인격적 관계	01234	01234	01234	01234	
	공동체 참여	01234	01234	01234	01234	
	공동 가치와 규범의 공유	01234	01234	01234	01234	
소 계						
정서적 속성	정서적 공감과 일치	01234	01234	01234	01234	
	개인과 공동체의 유익 일치	01234	01234	01234	01234	
	심리적 욕구의 통합과 충족	01234	01234	01234	01234	
	공동체 지향 본연 의지	01234	01234	01234	01234	
	의식적 소속감	01234	01234	01234	01234	
소 계						
물리적 속성	지리적 근접성	01234	01234	01234	01234	
	시간과 공간의 유사성	01234	01234	01234	01234	
	공동체 환경의 특성	01234	01234	01234	01234	
	사회적 단일성	01234	01234	01234	01234	
	공통된 문화의 공유	01234	01234	01234	01234	
소 계						
총 계						

2. 핵심가치 공유하기

1) 공동체성은 교회 부흥과 쇠퇴의 핵심적 요인이다.

2) 공동체성은 소그룹 사역에서 효과적으로 함양될 수 있다.

3) 소그룹은 예배, 양육, 전도, 교제의 기능을 강화할 때 활성화된다.

4) 1년을 4달씩 한 텀(Term)으로 묶어 소그룹 커리큘럼을 세우고 공동체에 적용한다.(예시)

<table>
<tr><th>연차</th><th>필수 과정
(1~4월)</th><th>암송구절</th><th>선택 과정
(5~8월)</th><th>필수 과정
(9~12월)</th><th>암송구절</th></tr>
<tr><td>6년차</td><td>룻기</td><td>1. 내주하시는 성령(갈 4:6)
2. 통치하시는 성령(갈 5:16)
3. 계시하시는 성령(요 14:26)
4. 능력 주시는 성령(고전 2:4,5)</td><td rowspan="6">☞ 그리스도인 되기
☞ 기독교 세계관
☞ 거친 형상과 내적 치유
☞ 하나님 음성을 듣는 법
☞ 이성 교제와 결혼 준비
☞ 경배와 찬양
☞ 비전과 소명
☞ 기도 학교
☞ 부모와 가정 사역
☞ 직장과 신앙
☞ 고난과 시험
☞ 감정 다루기
☞ 영성 훈련
☞ 캠퍼스 생활
☞ 대인관계와 커뮤니케이션
☞ 선교와 선교적 삶
☞ 이단 연구
☞ 대중문화와 기독교
☞ 하나님의 이름
☞ 기독교 교리 입문
☞ 그리스도인의 물질관
☞ 교회론과 실제
☞ 종말론과 실제
☞ 구원론과 실제
☞ 기독론과 실제
☞ 신론과 실제
☞ 기질과 은사 개발</td><td>야고보서</td><td>1. 용서함(엡 4:32)
2. 오래 참음(엡 4:2)
3 . 분노를 다스림(엡 4:26)
4. 악의를 버림(엡 4:31)</td></tr>
<tr><td>5년차</td><td>느헤미야</td><td>1. 믿음(히 11:6)
2. 선행(갈 6:9,10)
3. 경청함(약 1:19)
4. 책망을 받아들임(잠 9:8,9)</td><td>갈라디아서</td><td>1. 생각의 습관(빌 4:8)
2. 마음의 습관(눅 6:45)
3. 말의 습관(엡 4:29)
4. 행동의 습관(살전 5:22)</td></tr>
<tr><td>4년차</td><td>사사기</td><td>1. 공급(롬 8:32)
2. 유혹에서 도우심(시 119:9,11)
3. 교제(마 18:20)
4. 증거(롬 1:16)</td><td>요한복음</td><td>1. 사랑(요일 3:18)
2. 겸손(벧전 5:5,6)
3. 순결(엡 5:3)
4. 정직(행 24:16)</td></tr>
<tr><td>3년차</td><td>여호수아</td><td>1. 구원의 확신(요 5:24)
2. 예수를 첫자리에 모심(마 6:33)
3. 죄에서 떠남(롬 12:2)
4. 견고함(고전 15:58)</td><td>빌립보서</td><td>1. 성령(고전 3:16)
2. 능력(사 41:10)
3. 성실(애 3:22,23)
4. 평안(사 26:3)</td></tr>
<tr><td>2년차</td><td>말라기</td><td>1. 중심 되신 그리스도(갈 2:20)
2. 그리스도께 순종(요 14:21)
3. 말씀(딤후 3:16)
4. 기도(요 15:7)</td><td>누가복음</td><td>1. 모든 이가 죄를 범함(롬 3:23)
2. 죄의 형벌(롬 6:23)
3. 그리스도가 형벌 받음(롬 5:8)
4. 그리스도를 영접해야 함(요 1:12)</td></tr>
<tr><td>1년차</td><td>창세기</td><td>1. 말씀에 의한 생활(행 20:32)
2. 성령에 의한 생활(롬 8:14)
3. 믿음에 의한 생활(고후 5:7)
4. 사랑에 의한 생활(요일 4:11)</td><td>에베소서</td><td>1. 구원의 확신(요일 5:11,12)
2. 기도응답의 확신(요 16:24)
3. 승리의 확신(고전 10:13)
4. 사죄의. 확신(요일 1:9)</td></tr>
</table>

3. 양육 체계 확립하기

1) 모든 회원을 신앙의 성숙도에 따라 4 Step으로 분류한다.

2) 한 Term에 One Step-up을 목적으로 하여 양육하고 섬기는 사역을 실시한다.

3) Step-up이 이루어지지 않았을 때는 다음 Term에 다시 시도한다.

4) Step-up은 매 Term 시작 시점마다 점검하여 Step-up을 위한 소그룹 사역을 병행한다.

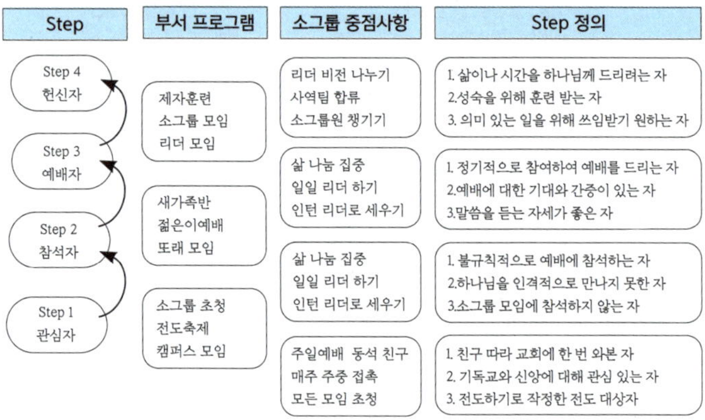

4. 운영지침 반복하기

1) 공동체성에 영향을 주는 소그룹의 기능별로 두 가지 정도의 운영 지침을 마련하여 계속해서 반복한다.

2) 각 운영지침에 대한 세부안을 준비하여 강의와 실습 형식으로 매 Term마다 반복하게 한다.

소그룹 기능	분 류	기능 강화를 위한 운영 지침
양육	귀납적(Inductive)	귀납적으로 성경공부를 인도하라
	대화(Communication)	대화를 통해 마음을 열라
예배	기회(Opportunity)	소그룹 예배에 참여할 기회를 주라
	분위기(Atmosphere)	개방적이고 용납적인 분위기를 만들라
교제	사람(Individual)	사람 중심의 소그룹 교제를 유도하라
	갈등(Trouble)	갈등을 효과적으로 관리하라
전도	기도(Prayer)	기도로 성령의 인도하심을 구하라
	목적(Purpose)	목적 지향적 소그룹이 되게 하라

5. 소그룹 리더 양육하기

1) 리더 양육 커리큘럼을 구체적으로 정하여 재교육하는 시스템을 구축한다.

2) 지속적으로 가르치고 실습하게 하되, 다양한 범주 안에서 치우치지 않도록 실시한다.

회 기	양육 커리큘럼	비 고
1st Term (1~4월)	목적 지향적 소그룹 만들기(6주) 리더 친목회(1일) 기질과 은사(4주) 리더 수련회(1박)	리더 훈련 공동체 훈련 제자 훈련 집중 훈련
2nd Term (5~8월)	귀납적 성경공부의 이론과 실제(4주) 리더 친목회(1일) 두려움 없이 사는 법(6주) 리더 수련회(1박)	리더 훈련 공동체 훈련 제자 훈련 집중 훈련
3rd Term (9~12월)	대인관계와 인간 이해(4주) 리더 친목회(1일) 하나님 마음에 합한 사람(6주) 리더 수련회(1박)	리더 훈련 공동체 훈련 제자 훈련 집중 훈련

『느헤미야』 교재 개발 지침

1. 각 과의 목적을 분명하게 드러내고 있는가?
2. 관찰, 해석, 적용, 실천 영역들이 골고루 반영되었는가?
3. 각 질문은 삶을 터치할 수 있는 질문들인가?
4. 귀납적으로 소그룹원들의 생각과 삶을 돌아보게 하는 질문인가?
5. 열린 질문('예', '아니오'로 답할 수 없는 질문)인가?
6. 처음부터 끝까지 그 진행이 부드럽고 매끄러운가?
7. 분명하고 확실한 질문인가?
8. 형식적으로 들어간 질문은 없는가?
9. 청년들에게 신선함을 주는 디자인과 내용인가?
10. 연구와 묵고(默考)를 거치면 객관적으로 답할 수 있는 질문들인가?
11. 소그룹 안에서의 협동 학습을 실행할 수 있도록 짜여 있는가?
12. 소그룹 인도자가 충분히 준비할 수 있는 시스템과 자료가 지원되고 있는가?
13. 소그룹 인도자가 각 과의 핵심가치를 분명히 알 수 있게 하는 시스템이 준비되었는가?
14. 소그룹 인도자의 공과 진행을 자신과 지도자가 파악할 수 있는 구조는 마련되었는가?

Contents

1과
쓰임 받는 자로 기도하기

느헤미야 1장 1~11절

하나님은 어떤 기도를 응답하실까?
이것은 믿음을 가진 사람의 초미의 관심사일 것이다.
하지만 응답받는 기도에 대한 공식을 찾는 것은
인본주의적인 신앙 태도다.
느헤미야의 기도는 하나님께 응답받은 기도의 대표적인 예다.
하지만 기도는 응답받는 것만이 목적은 아니다.
기도에는 다른 목적들도 있고,
또 관계이면서, 원인이기도 하고, 때로는 결과이기도 하다.
그렇기 때문에 느헤미야의 기도를
다른 관점에서 보는 것이 필요하다.
느헤미야는 하나님께 쓰임 받은 종이요, 지도자였다.
하나님께 쓰임 받는 사람은 어떤 기도를 하는지의 관점에서
느헤미야의 기도를 보는 것은 어떨까?
느헤미야는 하나님의 마음을 알았고,
하나님의 눈물로 하나님의 일을 위해 기도로 반응한 자였다.
느헤미야의 기도를 배우는 시간을 가져보자.

말씀암송 | 히브리서 11장 6절

믿음이 없이는 하나님을 기쁘시게 하지 못하나니 하나님께 나아가는 자는 반드시 그가 계신 것과 또한 그가 자기를 찾는 자들에게 상 주시는 이심을 믿어야 할지니라

|다가서기|

1. 집을 지어서 판매해 보라. 자신이 지은 집을 소그룹원들에게 소개하여 판매가를 최고로 받는 게임을 해 보라.

2. 당신이 과거에 기도해서 응답받은 경험이 있으면 나누어 보라. 어떤 기도였으며, 어떻게 기도했고, 어떻게 응답이 되었는지, 그리고 그 결과 어떤 열매를 맺게 되었는지 나누라.

|깊이보기| 느헤미야 1장 1~11절

아닥사스다 1세(B.C. 464~424)의 술 맡은 관원으로 있었던 느헤미야는 훼파된 예루살렘 소식을 듣고 기도하여 결국 예루살렘의 총독으로 가게 되었다. 상당한 대적들의 방해에도 불구하고 52일 만에 성벽을 재건하고, 유대인들로 하여금 하나님의 법을 따르도록 신앙 개혁을 추진한다. 지도자에 의해 일인칭 관점에서 쓰인 구약의 유일한 책인 느헤미야서는 이스라엘의 영적 중심지인 예루살렘의 성벽 재건 역사와 당시의 정치, 경제적 상황을 보여준다. 동시에 선민으로서의 정체성을 회복하며, 여전히 자기 백성을 돌보시는 하나님을 드러낸다.

3. 느헤미야가 하나니와 두어 사람의 말을 듣고 수일 동안 슬퍼 금식하며 기도한 이유가 무엇인가?(3절)

4. 1장에 소개되고 있는 느헤미야의 기도는 하나님께 쓰임 받는 종의 기도가 어떤 것인지 가르쳐 준다. 총 일곱 가지의 특징을 드러내는데, 그 첫 번째를 무엇이라고 정의할 수 있는지 나누어 보라(5절).

5. 느헤미야의 기도의 두 번째 특징은 무엇인가? 당신은 이런 기도를 하는가? 그렇지 않다면 그 이유는 무엇인가?(6절, "주야로")

6. 세 번째 느헤미야의 기도는 세상을 품는 기도라고 할 수 있다. 이런 기도는 어떤 기도인지 자신의 말로 정의해 보라. 당신도 이런 기도를 드리는가?(6절, "자복하오니")

7. 네 번째 느헤미야의 기도는 무엇이라고 정의할 수 있겠는가? 당신은 이런 기도를 한 적이 있는가? 있다면 어떤 기도였고, 그 기도의 과정과 결과는 어떠했는지 나누어 보라 (6절, "주는 귀를 기울이시며 눈을 여시사"), (참고, 왕상8:46~53, 대하6:36~39).

8. 느헤미야의 기도의 다섯 번째 특징은 무엇이라고 말할 수 있겠는가?(7절) 당신은 정말로 당신 자신이 죄인임을 얼마나 자각하고 있는지 그룹원들에게 나누어 보라.

9. 느헤미야의 여섯 번째 기도의 특징은 무엇인가?(8,9절) 당신이 붙들고 있는 하나님의 약속이 있는가? 있다면 그것이 무엇인지, 어떤 상황에서 그것을 받았는지, 어떤 유익이 있는지 나누어 보라.

10. 일곱 번째 느헤미야의 기도의 특징은 무엇이라고 정의할 수 있겠는가?(11절) 기도는 단순한 열정이 아니라 그 열정을 열매 맺게 하는 구체적인 기대가 포함된다. 당신의 기도는 어떤지 나누어 보라.

11. 평상시 당신의 기도는 어떤 기도인지 진솔하게 나누어 보라. 혹시 부족하거나 시정하고 싶은 부분이 있다면 기도제목으로 내놓도록 하라.

|다짐하기|

12. 느헤미야의 기도를 정리하여 자신에게 적용하고, 쓰임받는 종으로 살기 위해 구체적으로 어떻게 기도할지를 결단하고 나누도록 하라.

① 자신의 신앙고백으로 하나님의 성품에 호소하는가? yes or no

② 미루지 않고 기도하는가? yes or no

③ 남의 죄를 나의 죄로 여기는 마음으로 기도하는가? yes or no

④ 말씀을 붙들고 기도하는가? yes or no

⑤ 범죄에 대한 실제적 깨달음으로 회개하는가? yes or no

⑥ 하나님의 약속에 대한 신뢰를 바탕으로 기도하는가? yes or no

⑦ 현실적인 감각을 가지고 구체적으로 기도하는가? yes or no

|관점얻기|

느헤미야서의 개요

이스라엘의 1차 귀환은 B.C. 537년 스룹바벨에 의해 주도되어 20년에 걸쳐 성전을 완공 했다면, 2차 귀환은 B.C. 458년 에스라를 중심으로 말씀과 제사를 회복한 것이다. 느헤미야서는 3차 귀환으로부터 약 B.C. 400년경까지의 역사 중 성벽 재건(1~7장)과 신앙 개혁(8~13장)을 중심으로 기록된 책이다. 포로귀환 시대 이스라엘의 역사를 다룬 세 권의 책(에스라, 느헤미야, 에스더) 중 구약 역사서의 마지막 책으로, 히브리어 성경에는 에스라서와 느헤미야서가 한 권으로 되어 있었다. 이것을 오리겐(Origen)이 두 책으로 구분했고, 제롬(Jerome)이 벌게이트(the Vulgate) 역에서 에스라, 느헤미야로 나누었다.

느헤미야의 구성

느헤미야는 크게 두 부분으로, 1~7장까지는 느헤미야의 귀환과 성벽 건축에 대해 다루고, 8~13장까지는 언약 갱신과 종교개혁을 다룬다. 첫 번째 부분의 1, 2장은 느헤미야의 예루살렘 귀환과 성벽 재건을 위한 준비를 보도하고, 3~7장까지는 성벽 재건과 제1차 포로 귀환자들의 가계와 수효를 재확인하는 기록을 서술한다. 그리고 두 번째 부분의 8~10장은 에스라와 느헤미야가 주도했던 언약 갱신을 다루고, 11,12장은 예루살렘의 수도 기능 확립과 방비를 위한 백성들의 예루살렘 이주와 제사 제도 확립을, 그리고 마지막 13장은 본서를 마무리 하면서 느헤미야의 개혁 조치를 세부적으로 기록하고 있다.

느헤미야

'느헤미야'는 '여호와께서 위로하신다'라는 뜻으로 포로로 끌려간 곳에서 태어난 인물이다. 느헤미야를 '하가랴의 아들'로 소개하는 것은 같은 이름을 가진 동시대의 사람들과 구분하기 위해서인 것으로 보인다(3:16, 스2:2). 느헤미야는 3차 포로 귀환의 핵심인물로, 유세비우스(Eusebius, A.D. 342~420년)에 의하면 유다 지파에 속한 인물이다. 서두에 '하가랴의 아들 느헤미야의 말이라'는 본서의 제목 역할을 하는 것으로, 공동번역은 '하갈랴의 아들 느헤미야의 수기'로 번역했고, Living Bible은 '하가랴의 아들 느헤미야의 자서전(The Autobiography of Nehemiah, the son of Hecaliah)'라고 번역한다.

느헤미야의 기도

느헤미야는 이스라엘의 훼파 소식을 듣고 하나님 앞에 수일 동안 슬퍼하며 금식하며 기도한다. 느헤미야의 기도는 하나님이 쓰시는 사람의 기도의 원형이라고 할 수 있다. 이를 통해 우리는 우리의 기도를 점검할 수 있다.

첫째 느헤미야의 기도는 자신의 신앙고백으로 하나님의 성품에 호소하는 기도였다(5절). 그의 기도는 모두 율법에 근거한 고백이었다(출20:6, 신7:9). 우리의 기도는 말씀에 근거하여 하나님과 그분의 성품에 대한 신앙고백을 가지고 하는 기도여야 한다. 둘째는 미루지 않는 기도였다(6절). '주야로'는 문자적으로 '오늘 주야로(YLT, today, by day and by night)'다. 이 표현은 느헤미야가 고국의 소식을 듣고 곧바로 기도를 시작했다는 기도의 시작 시점을 가리키는 표현이다. 하나님께서 쓰시는 종은 미루지 않고 즉각적으로 하나님께 기도하는 사람이다. 우선적으로 다른 인간적인 대책을 마련하는 사람이 아니다. 셋째는 조상의 죄를 자신의 죄로 여기는 품는 기도였다(6절). '자복하오니(우미트왓데)'는 포로로 잡혀 와서 태어난 느헤미야가 얼굴도 모르는 조상들의 죄를 자신의 죄로 여기고 회개하며 중보했다는 말이다. 느헤미야는 가장 먼저 민족의 죄를 품고 회개하는 기도를 올렸다. 넷째는 말씀을 붙들고 하는 기도였다(6절). '주는 귀를 기울이시며 눈을 여시사 종의 기도를 들으시옵소서'라는 표현은 당시로부터 약 514년 전인 B.C. 959년 솔로몬이 성전을 봉헌하면서 드린 기도를 인용한 것이다(왕상8:46~53, 대하6:36~39). 솔로몬은 '하나님의 징계로 백성이 적국에 사로잡혀 가더라도 거기서도 주께로 돌이켜 도우심을 구하면 기도에 눈을 드시고 귀를 기울이소서'라고 기도한 바 있다(대하6:40). 말씀을 붙들고 기도하는 것이다. 다섯째는 범죄함의 실제를 깨닫고 회개하는 기도였다(7절).

'계명과 율례와 규례를 지키지 아니하였나이다'는 말은 율법이 갖는 다양한 측면을 포괄적으로 나타내는 용어를 사용하여 틀림없이 범죄하였음을 자각하는 기도를 했다는 뜻이다. 하나님께 쓰임 받는 종은 회개의 형식화가 아니라 실존적 범죄를 실감하고 회개하는 기도를 한다. 여섯째는 하나님의 약속에 대한 신뢰를 바탕으로 한 기도였다(8,9절). 8,9절은 '만일 내게로 돌아와 내 계명을 지켜 행하면… 돌아오게 하리라'하신 약속을 신뢰하며 기도했다는 의미다. 죄를 범한 자에게는 징계를, 회개한 자에게는 자비를 베푸시는 하나님의 언약에 대한 신뢰를 가지고 기도하는 자가 하나님께 쓰임 받는 종이다. 일곱째는 현실적 감각을 가지고 구체적으로 한 기도였다(11절). '오늘 종이 형통하여 이 사람 앞에서 은혜를 입게'라는 기도는 느헤미야 자신이 이스라엘의 회복을 위해서 약 1,600km나 떨어진 예루살렘으로 가서 귀환자들과 함께 성벽을 재건하려면 '이 사람(아닥사스다 1세)'의 허락이 필요함을 인식하고 구체적으로 간구한 것이다. 그저 감정적인 열정만이 아닌 현실적인 대안을 놓고 하나님께 구체적으로 간구하는 이가 쓰임 받는 종이다.

|청년 자기 체크리스트|

아래의 체크리스트를 가지고 오늘 소그룹 모임에 임한 자신의 태도를 충분히 점검해 보라.

점검 사항		5	4	3	2	1
준비 및 예습	본 과를 준비하면서 충분히 예습은 하였는가					
	각 과의 분명한 목적은 알고 모임에 임했는가?					
	성령께서 나를 만지시도록 기도로 준비하였는가?					
	소그룹원들을 위해서 중보하였는가?					
	리더를 위해서 중보하였는가?					
	나를 변화시키실 하나님을 기대하는 마음으로 임했는가?					
참여 및 자세	적극적으로 질문과 대답에 참여했는가?					
	정직하게 자신을 오픈했는가?					
	지체들의 발표에 사랑하는 마음으로 공감적 경청을 하였는가?					
	모임 중 성령의 인도하심을 계속적으로 기도했는가?					
	하나님께서 원하시는 것이 무엇인지 분명히 알았는가?					
	발견된 진리를 삶과 인격에 적용하기로 결단했는가?					
	이번주에 중보할 지체를 발견했는가?					
적용 및 결단	삶과 인격 변화를 위한 이번주 자신의 적용은 구체적인가?					
	배운 내용이 삶의 상황에 분명히 적용되었는가?					
	소그룹 모임에 대한 만족감이 있었는가?					
	배운 내용을 분명하게 정리했는가?					
	이번 과의 주제와 목적을 분명히 알게 되었는가?					
	삶과 인격의 변화를 위해 기도할 준비가 되어 있는가?					
평가	이번주 총점					

"그러므로 내 사랑하는 형제들아 견실하며 흔들리지 말고 항상 주의 일에 더욱 힘쓰는 자들이 되라 이는 너희 수고가 주 안에서 헛되지 않은 줄 앎이라" (고전 15:58)

- 이번주 생일자는?
- 다음주 청년부 행사는?
- 이번 달 암송 구절과 필독서는?
- 이번주 소그룹 특이 사항은?
- 다음주 전도할 대상은?

2과
하나님의 일 준비하기

느헤미야 2장 1~20절

모든 업적은 결과로 계산된다.

업적은 과정일 수 없고, 동기일 수도 없다.

사람들은 결과로서의 업적에 집착한다.

하지만 모든 결과는 준비가 필요한 법이다.

성경은 결과보다는 준비의 과정을 중요시한다.

성벽 재건이라는 위대한 업적 뒤에서

치밀하게 준비한 종의 모습이 있었다.

준비는 쓰고, 열매는 달다.

느헤미야는 성벽 재건이라는 열매를 위해

어떤 준비들을 했을까?

그저 감정적인 격함과 막연한 열정만 가지고

성벽 재건은 할 수 없는 노릇이다.

하나님의 일을 위한 느헤미야의 준비를 보면서

이 땅을 사는 그리스도인의 면모를 학습해 보자.

말씀암송 | 히브리서 11장 6절

믿음이 없이는 하나님을 기쁘시게 하지 못하나니 하나님께 나아가는 자는 반드시 그가 계신 것과 또한 그가 자기를 찾는 자들에게 상 주시는 이심을 믿어야 할지니라

|다가서기|

1. 행복한 노후를 위해서 어떤 준비들을 할 수 있을까? 각자의 생각을 나누고 그렇게 생각하는 이유도 나누어 보라.

2. 당신은 하나님의 일을 위해서 어떤 준비를 하고 있는가? 무엇이든 좋다. 하나님의 일이라고 생각되는 것을 위해 준비하는 자신의 모습이나 노력을 나누라.

|깊이보기| 느헤미야 2장 1~20절

2장은 느헤미야가 예루살렘의 형편을 듣고 하나님 앞에 울고 금식하며 기도한 후 약 넉 달 뒤의 사건이다. 느헤미야는 이 넉 달 동안 예루살렘의 회복을 위해서 기도하였을 것이고, 결국 아닥사스다 왕이 느헤미야 얼굴에 근심이 드리운 이유를 묻는 자리까지 오게 된다. 그러자 지금까지 기도로 준비해 오던 모든 것을 구체적이고 시기적절하게 이야기하였고 하나님의 도우심으로 결국 허락을 받게 된다. 예루살렘에 도착한 느헤미야는 주도면밀하게 성벽 재건을 위한 조사와 백성들을 독려함으로 하나씩 하나씩 하나님의 일을 준비해 나간다.

3. 2장은 크게 세 부분으로 분류할 수 있다. 본문을 읽고 다음을 정리해 본문 이해를 도우라.

1~10절 ·	· 백성들에 대한 동기부여와 대적들의 모함
11~16절 ·	· 왕의 허락과 느헤미야의 예루살렘 도착
17~20절 ·	· 예루살렘의 상황에 대한 은밀한 조사

4. 왕에게 얼굴의 수심의 이유를 질문 받은 느헤미야는 어떻게 반응했는가?(2절) 그 이유는 무엇인지 두 가지를 찾아보라.

- 반응 :

- 이유 :

① 느헤미야는 원래 겁이 많기 때문에
② 당시 페르시아는 신하가 왕 앞에서 수심을 보이면 안되기 때문에
③ 두려워하는 체 해서 자신의 목적을 이루기 위해서
④ 과거 에스라의 성벽 재건을 중단시킨 사람이 아닥사스다 왕이기 때문에

5. 이유를 물어보는 아닥사스다에게 느헤미야는 어떻게 반응했는가?(3,4절) 그의 반응은 무엇을 말해 준다고 볼 수 있는가?

6. 느헤미야가 왕에게 대답한 내용들을 보면 결코 즉흥적으로 말할 수 있는 것들이 아니다. 이 말은 그 동안 기도로 준비했다는 말인데, 그 구체적인 기도의 내용들을 정리해 보라.

① 4절 -

② 6절 -

③ 7절 -

④ 8절 -

7. 기도 외에 느헤미야가 성벽 재건을 위해서 준비한 일은 크게 다섯 가지로 나누어 살펴볼 수 있다. 그 첫 번째 것은 무엇이고, 이 사실이 당신에게 시사하는 바는 무엇인가?(1절)

8. 느헤미야가 성벽 재건을 위해 실질적으로 준비한 두 번째 일은 무엇인가?(3,4절) 이것을 어떻게 당신의 삶에 적용할 수 있겠는가?

9. 세 번째로 준비한 일은 무엇인가?(12절) 그 이유는 무엇일지 10절과 19절을 참고하여 답해 보라.

10. 네 번째로 성벽 재건을 위해서 실질적으로 한 일은 무엇인가?(17,18절) 하나님의 일을 위한 동기부여는 어떤 측면이 빠지면 안 되는지도 나누어 보라.

11. 다섯 번째로 한 일은 무엇인가?(19,20절) 이 느헤미야의 용기와 담대함은 어디에서 나온 것이라고 보는가?

12. 당신이 준비하는 하나님의 일은 무엇인가? 그것을 위해서 실질적으로 무엇을 준비하는지, 부족한 부분은 무엇인지 나누어 보라.

|다짐하기|

13. 앞으로 10년 안에 당신이 하게 될 하나님의 일은 무엇이라고 생각하는가? 그것을 위해 구체적으로 어떤 것을 준비할 것인지 정하고 나누라.

현실을 직시하는 눈	영적으로 준비하는 일	실질적으로 준비하는 일

|관점얻기|

구조와 시기

느헤미야 2장은 크게 세 부분으로 분류해 볼 수 있다. 1~10절까지는 왕의 허락과 느헤미야의 예루살렘 도착에 대해서, 11~16절까지는 예루살렘 성의 상황에 대한 은밀한 조사에 대해서, 그리고 17~20절까지는 백성들에게 하는 동기부여에 대해서 다루고 있다.

왕의 허락이 떨어진 시기는 '아닥사스다 왕 제 20년 니산월'이다(2:1). 이는 느헤미야가 형제들로부터 예루살렘 소식을 들은 '아닥사스다 왕 제20년 기슬르월'로부터 약 넉 달 후의 사건이다. 이 월력은 바벨론 포로기 이후부터 사용하기 시작한 바벨론식 월력의 명칭으로 태양력으로는 니산월은 2, 3월경, 기슬르월은 11, 12월경으로 볼 수 있다. 태양력으로 볼 때 해가 넘어간 시점이지만, 이는 월력이기 때문에 아직도 해가 넘어가지 않아 동일하게 '아닥사스다 왕 제20년'으로 표기하는 것이다.

상황과 은혜

당시 페르시아 제국은 신하가 왕 앞에서 슬픔이나 불쾌한 표정을 드러내는 것은 법으로 금기시되어 어길 시에는 사형을 당하기도 했다(Yamauchi). 게다가 느헤미야는 이 아닥사스다 왕이 과거 에스라가 예루살렘 성벽을 재건하려 할 때 대적자들의 모함으로 그 공사를 중단시키고, 쌓은 성벽을 허물고, 문을 불태우라 명한 왕임도 알고 있다(스4:7~23). 그래서 왕이 느헤미야의 수심에 대한 이유를 물어볼 때 느헤미야는 "크게 두려워했다"고 말하는 것이다(2절). 하지만 느헤미야는 담대하게 지금까지 기도해 오던 그의 근심을 왕에게 이야기했고 왕은 이에 대한 응답을 한다. 이는 1장11절에서 "이 사람 앞에서 은혜를 입게 하옵소서" 라고 기도한 느헤미야의 기도의 응답이었고 은혜였다.

기도로 준비하는 것

약 넉 달 동안 느헤미야는 그저 근심만 하지 않고 하늘의 하나님께 기도하면서 예루살렘 성벽의 재건을 준비하였다. 이는 4절에서 왕이 근심의 이유를 물어보자 잠깐 느헤미야가 '하나님께 묵도하고' 라는 말로도 짐작할 수 있다. 느헤미야는 계속해서 왕에게 말할 수 있는 기회를 달라고 기도로 준비한 것이다(4절). 왕이 묻자 느헤미야는 여지없이 지금까지 기도해 왔던 것을 말한다. 기한을 정해 예루살렘으로 보내주실 것(6절)과 유다에 들어갈 수 있는 조서를 내려달라는 것(7절), 그리고 성벽 재건의 재료로 필요한 재목을 달라는 것이었다(8절). 이런 요청은 즉흥적으로는 결코 할 수 없는 것이리라! 느헤미야가 이렇게 구체적으로 답할 수 있었던 것은 왕이 물어오는 순간까지 약 넉 달에 걸쳐 이런 구체적인 것들을 놓고 기도했을 것이라고 상상하는 것은 과한 것이 아니다.

실질적으로 준비하는 것

느헤미야는 성벽 재건을 위해서 기도만 하지 않고 구체적인 준비들을 한다. 첫 번째는 하나님께서 상황을 열어주실 때까지 맡은 역할을 충실히 감당했다(1절). 느헤미야는 충실하게 술 맡은 관원장으로서의 역할을 다했다. 두 번째는 기회가 왔을 때 기도함으로 준비했던 것을 실질적으로 말했다(3,4절). 왕의 질문에 구체적으로 예루살렘 성이 황폐하여 근심한다고 이야기한다. 세 번째는 주도면밀하게 성벽 재건을 준비한다(12절). 과거 성벽 재건을 방해한 세력이 있었음을 알고 있었던 느헤미야는 아무에게도 말하지 않고 성벽의 상황을 먼저 세밀히 파악한다. 네 번째는 백성들을 영적으로, 실질적으로 독려한다(18절). 느헤미야는 백성들에게 영적으로는 하나님의 선하신 도우심과 실질적으로는 왕이 이른 명을 함께 전하며 성벽 재건을 독려한다. 그리고 다섯 번째로 대적들의 방해에도 담대하게 대처한다(20절). 산발랏과 도비야, 게셈이 이 상황을 알고 비웃으며 중상모략을 하자 느헤미야는 조금도 흔들림 없이 형통을 주실 하나님을 신뢰하며 담대하게 대처한다.

|청년 자기 체크리스트|

아래의 체크리스트를 가지고 오늘 소그룹 모임에 임한 자신의 태도를 충분히 점검해 보라.

점검 사항		5	4	3	2	1
준비 및 예습	본 과를 준비하면서 충분히 예습은 하였는가					
	각 과의 분명한 목적은 알고 모임에 임했는가?					
	성령께서 나를 만지시도록 기도로 준비하였는가?					
	소그룹원들을 위해서 중보하였는가?					
	리더를 위해서 중보하였는가?					
	나를 변화시키실 하나님을 기대하는 마음으로 임했는가?					
참여 및 자세	적극적으로 질문과 대답에 참여했는가?					
	정직하게 자신을 오픈했는가?					
	지체들의 발표에 사랑하는 마음으로 공감적 경청을 하였는가?					
	모임 중 성령의 인도하심을 계속적으로 기도했는가?					
	하나님께서 원하시는 것이 무엇인지 분명히 알았는가?					
	발견된 진리를 삶과 인격에 적용하기로 결단했는가?					
	이번주에 중보할 지체를 발견했는가?					
적용 및 결단	삶과 인격 변화를 위한 이번주 자신의 적용은 구체적인가?					
	배운 내용이 삶의 상황에 분명히 적용되었는가?					
	소그룹 모임에 대한 만족감이 있었는가?					
	배운 내용을 분명하게 정리했는가?					
	이번 과의 주제와 목적을 분명히 알게 되었는가?					
	삶과 인격의 변화를 위해 기도할 준비가 되어 있는가?					
평가	이번주 총점					

"그러므로 내 사랑하는 형제들아 견실하며 흔들리지 말고 항상 주의 일에 더욱 힘쓰는 자들이 되라 이는 너희 수고가 주 안에서 헛되지 않은 줄 앎이라" (고전 15:58)

- 이번주 생일자는?
- 다음주 청년부 행사는?
- 이번 달 암송 구절과 필독서는?
- 이번주 소그룹 특이 사항은?
- 다음주 전도할 대상은?

3과
어려움 이기기

느헤미야 4장 1~23절

누구나에게 어려움은 찾아오기 마련이다.
인생은 광야와 같기 때문에
원래부터 목마르고 힘든 곳이다.
인생이 왜 이렇게 힘들까를 고민하는 것은 당연한 이치다.
어려움은 대상이 되기도 하고, 사건이 되기도 한다.
때로는 환경이 되기도 하고, 심지어 자기 자신이 되기도 한다.
인생이 광야이고, 때로는 나까지도 어려움의 이유가 된다면,
우리는 이 현실을 수용하고 대처하는 연습을 해야 한다.
느헤미야의 성벽 재건에도 대적들이 어려움을 주었다.
느헤미야는 리더로서 이 어려움을 어떻게 극복했을까?
느헤미야의 영성과 리더십에 집중해 보자.
크게는 업적을 이루는데 도움이 되겠지만,
기본적으로 우리 개인의 삶에 크나큰 힘이 될 것이다.

말씀암송 | 히브리서 11장 6절

믿음이 없이는 하나님을 기쁘시게 하지 못하나니 하나님께 나아가는 자는 반드시 그가 계신 것과 또한 그가 자기를 찾는 자들에게 상 주시는 이심을 믿어야 할지니라

|다가서기|

1. 지금까지 살아오면서 가장 힘들었던 때를 사물에 비유해서 말해보라. 그리고 그렇게 사물에 비유한 이유를 설명하면서 과거의 어려움들을 돌아보는 시간을 가져보자.

2. 믿는 사람은 어려움을 어떻게 극복해야 한다고 생각하는가? 각자의 생각을 나누어 보라.

|깊이보기| 느헤미야 4장 1~23절

4장은 크게 세 부분으로 나눌 수 있다. 첫 번째 부분은 1~6절로 대적들의 비웃음과 그에 대한 느헤미야의 대응, 두 번째 부분은 7~14절까지로 대적들의 군사적 위협과 느헤미야의 2차 대응, 그리고 세 번째 부분은 15~23절까지로 수포로 돌아간 대적들의 음모와 계속되는 성벽 재건이다. 유대인과 사마리아인들은 에스라의 예루살렘 성전 재건 때부터 적대적이었다(스4장). 이런 상황에서 느헤미야가 와서 예루살렘 성벽을 재건한다고 하자 산발랏 일당은 다시 한 번 적대적 입장을 표방하며 군사적으로까지 위협한다. 그럼에도 불구하고 느헤미야는 하나님을 신뢰함으로 어려움을 대응해 간다.

3. 산발랏은 느헤미야가 와서 성벽을 재건한다는 말을 듣고 어떻게 반응했는가?(1절)

4. 산발랏과 도비야가 조롱한 내용은 크게 여섯 가지로 분류해 볼 수 있다. 각각의 의미가 무엇인지 생각해 보자(2,3절).

① "□□ 한 유다 사람들이 무엇을 하려는가?" (2절) -

② "스스로 □□하게 하려는가?" (2절) -

③ "□□ 를 드리려는가?" (2절) -

④ "□□에 일을 마치려는가?" (2절) -

⑤ "□□돌로 다시 세우려는가?" (2절) -

⑥ "□□가 올라가도 무너지리라" (3절) -

5. 대적들의 비웃음에 대해 느헤미야는 어떻게 반응했는가?(4,5절) 이 반응의 의미는 무엇이고, 그 결과는 어떠했는가?(6절)

6. 느헤미야의 반응은 인생의 어려움에 우리가 어떻게 반응해야 하는지 가르쳐 준다. 우리는 어떻게 어려움에 반응해야 하는가? 당신은 어떻게 반응하는지 비교하여 나누어 보라.

7. 성벽이 지어져 가는 것을 확인한 산발랏 일당은 어떻게 반응했는가?(7,8절)

8. 그 결과 백성들은 두려움에 떨게 되었다(10~11절). 이에 대해 느헤미야는 네 가지로 대응한다. 어떻게 정리할 수 있겠는가?(9,13,14절)

함께 □□ 함으로 대비하였다(9절)	•	• 파수
주야로 □□ 꾼을 두어 방비하게 하였다(9절)	•	• 격려
□□ 들도 무장시켜 성벽 뒤에 배치하였다(13절)	•	• 기도
하나님을 기억하고 가족을 위해 싸우자 □□ 한다(14절)	•	• 백성

9. 산발랏 무리의 계획이 수포로 돌아갔지만 느헤미야와 백성들의 태도는 여전히 어떠했는지 여섯 가지로 정리해 보라.

① 수하의 '□□□들' 반은 일하고, 반은 갑옷을 입고 수비케 함(16절)

② □ 나르는 자들은 병기를 잡도록 하고(17절), □□하는 자들은 칼을 차게 함(18절)

③ □□□를 두어 언제든지 공격해 오면 나팔을 불어 대비 할 수 있도록 함(20절)

④ '우리 □□□이 우리를 위해 싸우시리라'고 영적인 격려를 함(20절)

⑤ □□ 은 새벽부터 밤까지 일하게 하고, 절반은 성벽을 수비하게 함(21절)

⑥ 일이 끝나면 집으로 돌아가지 않고 □안에서 잠을 자도록 함(22절)

하나님 집 건축 성 젊은이 나팔수 절반

10. 당신의 공동체에 어려움이 있다면 당신은 어떻게 공동체를 섬길 수 있겠는가? 느헤미야의 섬김을 돌아보면서 섬김의 기준을 잡아보도록 하라.

11. 당신의 개인적인 어려움은 무엇인지 나눌 수 있겠는가? 느헤미야의 모습을 보면서 개인적으로도 어려움을 어떻게 극복할 수 있는지 그룹원들에게 나누어 보라.

|다짐하기|

12. 현재 당신의 공동체의 어려움은 무엇이라고 생각하는가? 느헤미야의 리더십을 본받아 그 어려움을 극복하기 위한 방안을 정해보고, 함께 기도하는 시간을 가지라.

|관점얻기|

비웃음과 느헤미야의 반응(1~6절)

산발랏과 도비야는 크게 여섯 가지로 성벽 재건을 비웃고 도전한다. 첫째는 "미약한 유다 사람들"이라고 비웃으며, 포로 귀환한 백성들의 감정을 조롱한다. 둘째는 "스스로 견고하게 하려는가?" 라고 하면서, 결코 성벽을 재건할 능력이 없음을 비아냥거린다. 셋째는 "제사를 드리려는가?" 라고 비웃으며 아무리 기도하고 예배해도 안 될 것이라고 비아냥거린다. 넷째는 "하루에 마치려는가?" 라고 하면서 백성들이 제대로 일을 파악하지 못하고 있다고 놀린다. 다섯째는 "불탄 돌로 다시 세우려는가?" 라고 하면서 과거의 실패를 상기시키며 비웃는다. 여섯 번째로는 도비야가 "여우가 올라가도 무너지리라"고 하면서, 성벽을 재건해 봐야 아무 짝에도 쓸모없음을 비아냥거린다. 이는 신앙적 결단을 한 오늘날의 신앙인들에 대한 사단의 비웃음이기도 하다.

이에 느헤미야는 일일이 대꾸하지 않고, 하늘의 하나님께 도움을 구하는 기도를 한다(4,5절). 느헤미야의 기도는 솔직한 기도였고, 하나님 앞에서 어린아이와 같이 전적으로 하나님만 의지하는 기도였다. 그리고 유다 백성들도 이를 악물고 마음을 들여 더 열심히 일을 하게 된다(6절에 "마음을 들여" 라는 말은 "의욕으로 가득 차서" 라는 의미다). 결국 성벽을 절반 정도의 높이로 건축하여 전부 연결하는데 이른다. 발굴에 의하면, 이 성벽은 두께가 약 2.7미터에 이르는 것으로 전해진다(Kenyon).

군사적 위협과 느헤미야의 대응(7~14절)

예루살렘의 상황을 듣고 대적자들은 더 많은 이방 민족들과 함께 예루살렘을 포위하고 기습 공격하여(11절), 혼란에 빠뜨리려고 한다(8절의 "요란하게 하자(토아)"는 '혼란하게 하자'는 의미다). 그러자 각처에 사는 유다 사람들은 열 번이나 예루살렘으로 와서 '침략이 임박했으니 각처에 가서 대비해야 한다'는 말을 할 정도로 불안해하게 되었다(12절).

하지만 느헤미야는 당황하지 않고 크게 네 가지 방안으로 대응책을 마련한다. 첫 번째로는 함께 기도함으로 대비하였다(9절). 두 번째로는 주야로 파수꾼을 두어 방비하게 하였다(9절). 세 번째로는 백성들도 무장시켜 성벽을 쌓은 사람들 뒤에 배치하여 경계하게 했다(13절). 네 번째로는 지극히 크시고 두려우신 하나님을 기억하고 가족을 위해 싸우자고 격려했다(14절). 더 큰 위협에도 두려워하지 않고 함께 기도하며 실질적으로 할 수 있는 최선을 다해 방비하는 모습을 볼 수 있다. 백성들을 격려하는 것도 잊지 않고 있다. 대적의 공격이 심해져도 느헤미야의 대응은 달라진 것이 없다.

수포로 돌아간 음모와 계속되는 성벽 재건(15~23절)

산발랏 무리의 계획은 발각되었고 성벽은 완전 무장하여 지켜냈다. 이스라엘 백성들은 방심하지 않고, 계속해서 성벽 재건과 더 철저한 성벽 수비를 함께 해 나간다. 첫 번째는 느헤미야 수하에 있는 '젊은이들(수하 사람들)'로 하여금 두 개 조로 나누어 반은 일하고, 반은 갑옷을 입고 성벽을 수비하게 했다(16절). 두 번째는 짐을 나르는 사람들도 한 손에 병기를 잡도록 하고(17절), 건축하는 자들은 칼을 차게 했다(18절). 세 번째는 나팔수를 항상 느헤미야의 옆에 두어 언제든지 공격해 오면 나팔을 불어 대비할 수 있도록 했다(20절). 네 번째는 '우리 하나님이 우리를 위해서 싸우시리라'고 영적인 격려를 했다(20절). 다섯 번째는 절반은 새벽부터 밤까지 일하게 하고, 나머지 절반은 성벽을 수비하게 했다(21절). 여섯 번째는 일이 끝나면 집으로 돌아가지 않고 성안에서 잠을 자도록 했다(22절).

느헤미야는 수포로 돌아간 적의 음모 앞에서도 긴장을 늦추지 않고 오히려 더 무장을 강화하는 일관성을 보인다(23절). 느헤미야는 솔선수범하였고, 방심하지 않았으며, '하나님이 우리를 지켜주실 꺼야'라고 하면서 아무 것도 하지 않는 우를 범하지 않았다. 오히려 영적으로 백성들을 격려했으며, 실질적으로도 더욱 방비를 강화하였고, 성벽 재건도 효율적으로 진행될 수 있도록 했다. 느헤미야는 하나님의 일에 쓰임 받는 리더의 본이 된다.

|청년 자기 체크리스트|

아래의 체크리스트를 가지고 오늘 소그룹 모임에 임한 자신의 태도를 충분히 점검해 보라.

점검 사항		5	4	3	2	1
준비 및 예습	본 과를 준비하면서 충분히 예습은 하였는가					
	각 과의 분명한 목적은 알고 모임에 임했는가?					
	성령께서 나를 만지시도록 기도로 준비하였는가?					
	소그룹원들을 위해서 중보하였는가?					
	리더를 위해서 중보하였는가?					
	나를 변화시키실 하나님을 기대하는 마음으로 임했는가?					
참여 및 자세	적극적으로 질문과 대답에 참여했는가?					
	정직하게 자신을 오픈했는가?					
	지체들의 발표에 사랑하는 마음으로 공감적 경청을 하였는가?					
	모임 중 성령의 인도하심을 계속적으로 기도했는가?					
	하나님께서 원하시는 것이 무엇인지 분명히 알았는가?					
	발견된 진리를 삶과 인격에 적용하기로 결단했는가?					
	이번주에 중보할 지체를 발견했는가?					
적용 및 결단	삶과 인격 변화를 위한 이번주 자신의 적용은 구체적인가?					
	배운 내용이 삶의 상황에 분명히 적용되었는가?					
	소그룹 모임에 대한 만족감이 있었는가?					
	배운 내용을 분명하게 정리했는가?					
	이번 과의 주제와 목적을 분명히 알게 되었는가?					
	삶과 인격의 변화를 위해 기도할 준비가 되어 있는가?					
평가	이번주 총점					

"그러므로 내 사랑하는 형제들아 견실하며 흔들리지 말고 항상 주의 일에 더욱 힘쓰는 자들이 되라 이는 너희 수고가 주 안에서 헛되지 않은 줄 앎이라" (고전 15:58)

- 이번주 생일자는?
- 다음주 청년부 행사는?
- 이번 달 암송 구절과 필독서는?
- 이번주 소그룹 특이 사항은?
- 다음주 전도할 대상은?

4과
공동체 문제 해결하기

느헤미야 5장 1~19절

믿음으로 사는 것을 방해하는 것이 많다.
외적으로 세상의 도전과 유혹들이 그것이고,
심적으로 내 안에 있는 죄에 대한 갈등과 싸움이 그것이다.
모든 도전들은 믿음으로 사는 것을 위협하는 것이라는 점에서
공통점이 있지만 위협의 정도와 양상은 다르다.
그중에 하나가 공동체 안에서의 문제를 들 수 있다.
청년 공동체 안에는 늘 이성의 문제,
물질의 문제, 관계의 문제 등
수많은 문제들이 산재해 있어서
미연에 방지하는 것도 알아야 하지만
문제가 생겼을 때 어떻게 해결할 것인지도 알아야 한다.
이는 공동체의 방안이면서 동시에
개인의 삶에도 적용해 볼 수 있는 문제 해결의 지혜다.
이스라엘 공동체 안에 불거진 문제를 들여다 보자.
어떻게 느헤미야가 해결해 나가고 있는지는
우리 개인과 교회 공동체에 중요한 교훈을 준다.

말씀암송 | 갈라디아서 6장 9-10절

우리가 선을 행하되 낙심하지 말지니 포기하지 아니하면 때가 이르매 거두리라, 그러므로 우리는 기회 있는 대로 모든 이에게 착한 일을 하되 더욱 믿음의 가정들에게 할지니라

|다가서기|

1. 우리 인생은 관계의 방들이 가득한 큰 집과 같다. 당신은 지금 어느 방에 있는가? 그 이유는 무엇인지 나누어 보라.

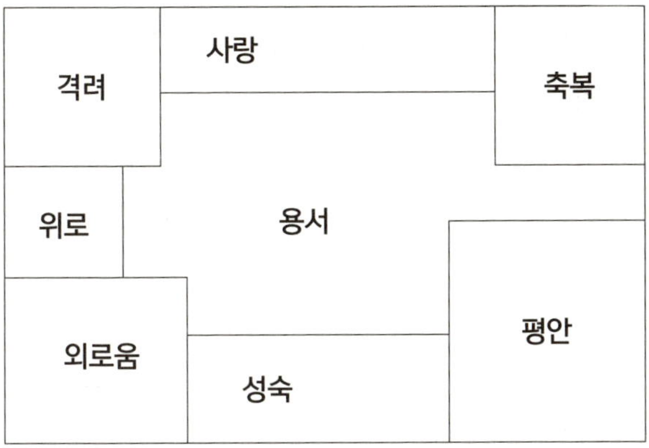

2. 당신은 공동체 안에 문제가 생길 때 어떻게 해결하는가? 자신의 비법을 나누어 보라.

|깊이보기| 느헤미야 5장 1~19절

5장은 성벽 재건과 관련하여 외부에 있는 대적의 문제가 아니라 내부의 문제가 야기되었음을 지적하고 있다. 남자들이 성벽 재건에 매달리고 있는 동안 각 가정의 생계가 심각한 어려움에 봉착하게 된 것이다. 그래서 백성들이 '그들의 아내들'과 함께 들고 일어나서 부유한 자기 동족을 원망하게 되었다. 5장은 성벽 공사 중에 불거진 경제적 불평등에 대한 문제 제기와 느헤미야의 여러 해결책을 소개한다. 느헤미야의 태도를 통해 우리는 공동체 안의 문제를 어떻게 해결할 수 있을지 좋은 교훈을 얻게 된다.

3. 백성들이 아내들과 함께 부유한 유다 사람을 원망하게 된 이유가 무엇인가?(1~5절)

2절	
3절	
4절	
5절	

4. 백성의 부르짖음을 듣고 느헤미야는 크게 여섯 가지의 해결책을 사용한다. 그 첫 번째 것이 무엇인가?(6,7절)

5. 당신은 공동체의 어떤 일로 인해 화를 낸 적이 있는가? 왜 그랬는지, 그렇게 했을 때의 결과는 어떠했는지 나누어 보라(참고, 약1:20).

6. 느헤미야의 두 번째 해결책은 어떤 것인가? 그렇게 한 이유는 무엇이라고 생각하는가?(7~9절)

7. 세 번째 해결책은 무엇이라고 할 수 있겠는가?(10~12절)

8. 느헤미야가 제시한 네 번째 해결책은 무엇이라고 할 수 있는가? 그렇게 한 이유는 무엇인가?(12,13절)

9. 교회 공동체 안의 모든 문제는 믿음의 결단으로 풀어가야 한다. 그 이유는 무엇이라고 생각하는가?

10. 다섯 번째 해결 방안은 무엇이라고 할 수 있겠는가? 이것이 왜 중요한지도 생각해 보라(14~18절).

11. 느헤미야가 이렇게 본을 보인 이유 두 가지를 찾아보라. 이것이 우리 신앙의 핵심이라는 사실을 염두에 두고 자신에게는 무엇이 부족한지 적용해 보라.

☐ 첫 번째 이유(15절) -

☐ 두 번째 이유(18절) -

12. 여섯 번째 해결 방안은 어떤 것이라고 정의할 수 있는가? 당신은 이 부분에서 얼마나 신실한가?(19절)

|다짐하기|

13. 공동체 안의 문제를 해결했던 느헤미야의 방안 여섯 가지를 정리해 보고 자신에게 어떻게 적용할 수 있는지 적어 발표해 보라.

	느헤미야의 해결 방안	적용점
①		
②		
③		
④		
⑤		
⑥		

|관점얻기|

감정을 절제함(6,7절)

성벽 재건 동안(어떤 이는 그 후의 사건으로 해석하기도 한다) 흉년으로 인한 식량난과 과도한 이자와 세금, 빈익빈 부익부의 문제로 급기야는 빚을 갚고, 먹고 살기 위해 동족 간에 딸들을 성노예로 주는 일이 발생한다(5절, '벌써 종된 자가(니크빠쇼트)'는 성적 폭행의 의미를 내포한다). 이 울부짖음을 들은 느헤미야는 크게 노하였다(6절). 이는 율법이 금한 것이었고, 하나님은 이방 민족의 노예였던 백성을 해방하셨건만 하나님의 백성들은 다시 서로를 노예로 만들고 있는 상황이 벌어졌기 때문이다(5절). 틀림없이 불같이 화낼 수 있는 상황이다. 하지만 느헤미야는 그 화를 다스리며 깊이 생각하는 자세를 취한다(7절). '깊이 생각하고(와임말레크 립비)'는 '마음으로 통치하고 계획하다'는 의미다.

공동체가 함께 해결케 함(7~9절)

느헤미야는 이 문제를 총독의 집권으로 해결하거나 부유한 유지들 안에서의 문제로 치부하지 않고, 이스라엘 전체가 모이는 대회를 개최하여 처리하기로 한다(7절). 여기서 '대회(카할)'는 구약에서 이스라엘 공동체 전체를 의미하는 단어로, 신약에서는 교회를 상징하는 '에클레시아'로 번역되는 단어다.

주관적인 징계나 교훈이 아니라 이번 계기를 통해서 공동체 전체가 문제를 확인케 하고(8,9절), 하나님의 율법대로 살도록 독려하려는 목적에서 공동체 전체가 모이도록 한 것이다.

구체적인 방안을 제시함(10,11절)

또한 구체적으로 문제를 해결할 수 있는 방안을 제시한다(11절). 요구만 한 것이 아니라 자신이 먼저 모범을 보이고 있다(10절). 자신은 돈과 양식을 꾸어주었지만 이자를 받지 않았다고 증언한다. 구체적으로 밭과 포도원과 감람원과 집과 돈, 양식, 포도주, 기름 등의 동산(動産)이든 부동산(不動産)이든 백분의 일을 돌려주라고 명한다. 완벽하고 철저한 개혁을 요구한다. 이 개혁적 방안은 '오늘이라도' 해야 할 즉각적인 개혁이었다.

믿음의 결단을 요구함(12,13절)

뿐만 아니라 그들의 결단을 제사장 앞에서 맹세하게 한다(12절). 이는 이들의 결단이 하나님 앞에서 믿음의 결단이 되도록 한 것이다. 뿐만 아니라 순종할 것을 자기 신앙으로 고백하게 한다. 그래서 선포되는 말씀에 백성들이 '아멘'하고 반응하며, 찬송하며, 행했다고 말한다(13절). 모든 개혁을 선의(善意)의 열정이 아니라 믿음의 결단으로 진행하도록 한 것이다(13절의 '옷자락을 터는 행위'는 받은 축복을 완전히 상실할 것을 상징하는 행위다).

스스로 본을 보임(14~18절)

느헤미야는 유다의 총독으로서 마땅히 받을 수 있는 녹을 총독으로 있는 12년 동안 요구하지 않았다. 과거의 총독들은 백성들에게 많은 것을 요구했지만 그는 그렇게 하지 않았다. 그렇게 한 첫 번째 이유는 '하나님을 경외하였기' 때문이다(15절). 두 번째 이유는 '백성의 부역이 중했기 때문'이라고 말한다(18절).

느헤미야는 율법의 참 정신인 '하나님을 사랑하고, 이웃을 사랑하는 마음'으로 스스로 본을 보이는 삶을 살았던 것이다.

은혜를 구함(19절)

느헤미야는 지도자로서 이 모든 일을 기도함으로 감당한다. 19절의 기도는 하나님 앞에서의 자랑이 아니라 하나님의 은혜를 구하는 간절함이다. NASB는 이를 "Remember me, O my God, for good, according to all that I have done for this people(오, 나의 하나님이여, 내가 이 백성에게 행한 모든 일을 따라 선한 것으로 나를 생각하소서)"라고 번역한다. '선한 것으로 나를 생각하소서'는 하나님의 은혜를 구하는 의미다. 느헤미야는 계속해서 하나님의 은혜를 구함으로 공동체의 문제를 해결해 가고 있다(1:11, 2:4, 4:4,5).

|청년 자기 체크리스트|

아래의 체크리스트를 가지고 오늘 소그룹 모임에 임한 자신의 태도를 충분히 점검해 보라.

점검 사항		5	4	3	2	1
준비 및 예습	본 과를 준비하면서 충분히 예습은 하였는가					
	각 과의 분명한 목적은 알고 모임에 임했는가?					
	성령께서 나를 만지시도록 기도로 준비하였는가?					
	소그룹원들을 위해서 중보하였는가?					
	리더를 위해서 중보하였는가?					
	나를 변화시키실 하나님을 기대하는 마음으로 임했는가?					
참여 및 자세	적극적으로 질문과 대답에 참여했는가?					
	정직하게 자신을 오픈했는가?					
	지체들의 발표에 사랑하는 마음으로 공감적 경청을 하였는가?					
	모임 중 성령의 인도하심을 계속적으로 기도했는가?					
	하나님께서 원하시는 것이 무엇인지 분명히 알았는가?					
	발견된 진리를 삶과 인격에 적용하기로 결단했는가?					
	이번주에 중보할 지체를 발견했는가?					
적용 및 결단	삶과 인격 변화를 위한 이번주 자신의 적용은 구체적인가?					
	배운 내용이 삶의 상황에 분명히 적용되었는가?					
	소그룹 모임에 대한 만족감이 있었는가?					
	배운 내용을 분명하게 정리했는가?					
	이번 과의 주제와 목적을 분명히 알게 되었는가?					
	삶과 인격의 변화를 위해 기도할 준비가 되어 있는가?					
평가	이번주 총점					

"그러므로 내 사랑하는 형제들아 견실하며 흔들리지 말고 항상 주의 일에 더욱 힘쓰는 자들이 되라 이는 너희 수고가 주 안에서 헛되지 않은 줄 앎이라" (고전 15:58)

- 이번주 생일자는?
- 다음주 청년부 행사는?
- 이번 달 암송 구절과 필독서는?
- 이번주 소그룹 특이 사항은?
- 다음주 전도할 대상은?

5과
문제 극복의 지혜 갖기

느헤미야 6장 1~14절

인생은 광야와 같다.

광야는 목이 마르고, 먹을 것이 부족하며

낮에는 덥고, 밤에는 추운 곳이다.

늘 죽음의 위협이 도사리고 있는 곳이다.

인생이란 애굽을 탈출하여

가나안으로 가는 광야의 여정이라서

동일하게 목마르고, 배고프고, 울 일이 많은 곳이다.

그렇기 때문에 평안하기를 기대하는 것은 어리석은 것이다.

인생은 본질상 광야와 같기 때문이다.

지혜는 광야에서 문제가 찾아올 때

어떻게 그 문제를 극복할 것인가를 아는 것이다.

문제를 없애달라는 기도는 응답되지 않을 것이다.

어떻게 느헤미야는 그에게 닥쳤던 문제를 극복했을까?

그의 신앙적 면모를 살피면서

우리의 문제도 극복할 수 있는 지혜를 배우자.

말씀암송 | 갈라디아서 6장 9-10절

우리가 선을 행하되 낙심하지 말지니 포기하지 아니하면 때가 이르매 거두리라, 그러므로 우리는 기회 있는 대로 모든 이에게 착한 일을 하되 더욱 믿음의 가정들에게 할지니라

|다가서기|

1. 당신 생각에는 어떤 문제가 가장 힘든 문제일지 세 가지를 정해 보라. 그리고 그 이유를 소그룹원들에 나누는 시간을 가지라.

시련의 아픔	입시의 실패	가족의 병듦
지속되는 외로움	열등감	꿈의 좌절
친구들의 배신	건강의 이상	예기치 못한 사고

2. 과거에 당신이 겪었던 문제 중 가장 힘든 문제는 어떤 것이었는가? 그때의 기분은 어떠했고, 어떻게 극복하게 되었는지 나누어 보라.

|깊이보기| 느헤미야 6장 1~14절

6장은 성벽 재건을 방해하는 산발랏과 도비야 일당의 음모로 어려움을 겪은 느헤미야를 소개한다. 그들은 대화를 빙자하여 암살을 음모하였고(1~4절), 공개된 서신을 통해 반역의 소문을 부추겼으며(5~9절), 거짓 선지자를 세워 율법을 범하게 하려 했다(10~14절). 하지만 성벽 재건은 하나님의 은혜로 52일 만에 무사히 마치게 되고, 느헤미야를 두렵게 하려고 했던 그들은 이 소식을 듣고 오히려 두려움에 떨게 되는 지경에 처하게 된다. 15~19절까지는 성벽 재건 당시의 문제를 회고하는 느헤미야의 기록이다.

3. 성벽 재건이 문짝을 아직 달지 못했을 때 산발랏 일당은 어떤 제안을 했으며, 그 본의는 무엇이었는가?(2절)

4. 그들의 제안은 어느 정도였고, 이에 느헤미야는 어떻게 답을 했는가?(3,4절)

5. 느헤미야의 대답을 통해서 당신이 깨닫는 것은 무엇인가? 무엇이 하나님의 뜻인지 모를 때는 어떻게 해야 하는지 각자의 생각을 나누어 보자.

6. 첫 번째 시도가 수포로 돌아가자 산발랏은 두 번째로 어떤 시도를 하는가?(5~7절)

7. 두 번째 시도에 느헤미야는 어떻게 대처했는가? 두 가지를 찾아보라(8,9절).

8. 산발랏 일당이 이런 소문을 퍼뜨린 두 가지 이유를 찾아보라(9절). 이것은 사단이 우리에게 어려움을 주는 이유이기도 하다. 자신의 어려움을 이런 두 가지 차원에서 설명해 보라.

9. 당신은 문제가 찾아올 때 어떻게 대처하는가? 느헤미야의 두 가지 대처법을 보면서 당신에게 부족한 것은 무엇인지 나누어 보라.

10. 이 방법도 통하지 않자 세 번째는 누가 나섰는가? 그는 어떤 방법을 사용하여 문제를 일으켰는가?(10절)

11. 성전 안으로 들어가는 것이 왜 느헤미야에겐 시험이 되었는가?(11절) 또한 그렇게 거짓 예언을 하게 한 세 가지 이유는 무엇인가?(13절)

12. 우리에게 닥치는 문제 중에 가장 큰 문제는 하나님의 뜻을 잘못 이해하는 것이다. 다음 구절을 보고 오늘날의 거짓 예언을 어떻게 구분할 수 있는지 정리해 보라.

① 신명기 18장 22절 -

② 신명기 13장 5절 -

③ 마태복음 7장 15,16절 -

|다짐하기|

13. 문제를 어떻게 극복할 수 있는지 느헤미야의 본을 보며 당신의 문제를 극복하는 방법을 네 가지로 적용해 보라.

① 애매한 문제 -

② 헛소문의 문제 -

③ 두려움의 문제 -

④ 신앙적 문제 -

|관점얻기|

대화를 빙자한 암살 음모(1~4절)

아직 성벽의 문짝을 달지 아니한 때에 산발랏 일당은 무려 네 번이나 사람을 보내어 '오노 평지에서 만나자'고 제안한다. '오노'는 욥바에서 약 12~16km 정도 떨어져 있는 예루살렘과 사마리아의 접경 지역이었다(Breneman, Keil). 하지만 이것은 대화를 빙자하여 느헤미야를 해하고자 하는 음모였다(2절). 이에 대해 느헤미야는 '공사 중이어서 갈 수 없다'는 말로 변함없이 대답한다. 느헤미야는 그 상황에서 무엇을 해야 할지 분명하게 인식함으로 첫 번째 어려움을 극복할 수 있었다. 어떻게 해야 할지 모를 때는 현재 하나님의 뜻으로 명확하게 하고 있는 일을 계속하는 것이 지혜다.

서신을 통한 반역의 소문(5~9절)

네 번이나 실패한 산발랏 일당은 이번에는 봉하지 않은 편지를 보내 '유다 백성이 성벽을 재건함으로 반역을 꾀하고, 느헤미야가 왕이 되려 한다'는 소문을 퍼뜨린다(5,6절). 산발랏은 '이미 이 소문이 이방 여러 나라에 퍼졌으며, 곧 아닥사스다에게도 들리게 될 것이니 와서 어떻게 무마할지 의논하자'고 제안한다(7절). 과거 아닥사스다 재위 초기에 사마리아 방백 르훔과 서기관 심새가 예루살렘 성벽 재건을 방해하기 위해 올린 거짓 상소와 동일한 방식을 사용하고 있다(스4:17~23). 느헤미야는 그때 아닥사스다 왕이 공사를 중지시켰던 사실을 알고 있었다. 두려운 일이다.

이들은 느헤미야를 두렵게 하고, 재건 공사를 중지하게 할 두 가지 목적으로 이렇게 한 것이다(9절). 만약 이 말에 응하여 만남을 가졌다면 그 소문의 내용을 일부 인정하게 되는 셈이다. 하지만 느헤미야는 이번에도 만나지 않고 답신으로 '그런 일은 없으며 네 마음이 지어낸 것'이라고 못 박는다. 잘 생각하여 현실적으로 대처한 것이다. 그리고 느헤미야는 하나님 앞에서 불안하고 두려운 마음을 기도함으로 극복한다. 영적으로 대처한 것이라고 볼 수 있다.

거짓 예언을 통한 범죄(10~14절)

그러자 이번에는 예루살렘에 혈연적 인맥이 많은 도비야가 나서서 스마야를 매수하여 거짓 예언을 하게 한다(10절). 스마야는 마치 자신을 죽이려는 대적들에게 두려움을 느낀 것처럼 집에 들어가 나오지 않는 행동을 한다. 걱정스런 느헤미야가 찾아가게 되고, 이때 스마야는 '대적들이 틀림없이 죽이러 올테니 자신과 함께 외소('헤칼'은 성소를 가리킨다)에 들어가 생명을 보존하자'고 제안한다(10절). 스마야는 아마도 성전에 들어갈 수 있는 제사장이었을 것이다(Bowman). 하지만 평신도는 들어갈 수 없는 성전에 생명을 보존하기 위해서 들어가는 것은 하나님의 율법을 어기는 것이다.

이렇게 한 이유를 13절은 세 가지로 설명한다. 첫 번째는 느헤미야를 두렵게 하기 위해서였다. '두렵다(야레)'는 본서에서 무려 10번이나 등장한다. 두 번째는 느헤미야로 하여금 범죄하게 하기 위해서였다. 생명 보존을 위해 하나님의 율법을 어기게 할 참이었다. 제사장인 스마야의 말이 거짓임을 깨달았던 이유는 느헤미야가 율법을 주신 분이 율법을 범하게 하시지는 않는다는 사실을 알고 있었기 때문이다. 느헤미야는 말씀의 기본이 탄탄한 사람이었다(11절). 세 번째는 악한 말을 지어 비방하기 위해서였다. '말(레쉠)'은 '악한 평판'을 의미한다(NRSV, give me a bad mane). 느헤미야는 평소의 말씀에 대한 분명하고 바른 신앙관으로 거짓을 분별할 수 있었고(12절), 여러 다른 사람들을 통한 도전에도 기도하며 어려움을 극복해 나갔다(14절).

성경이 말하는 거짓 선지자 구분 법

성경에서 말하는 거짓 선지자를 구분하는 기준은 크게 세 가지라고 말할 수 있다. 첫 번째 기준은 선지자가 말한 예언에 어떤 증험이나 성취함이 있어야 한다는 것이다(신18:22). 두 번째 기준은 선지자의 에언 내용이 이전에 계시된 하나님의 말씀과 일치해야 한다는 것이다(신13:5). 그리고 세 번째 기준은 그 선지자가 그 예언에 합당한 삶의 열매를 맺어야 한다는 점이다(마7:15,16). 느헤미야는 두 번째 기준에 따라 스마야의 예언이 거짓임을 알 수 있었다. 하나님은 스스로 율법을 폐하시는 분이 아니시기 때문이다. 느헤미야는 말씀의 사람이었다.

|청년 자기 체크리스트|

아래의 체크리스트를 가지고 오늘 소그룹 모임에 임한 자신의 태도를 충분히 점검해 보라.

점검 사항		5	4	3	2	1
준비 및 예습	본 과를 준비하면서 충분히 예습은 하였는가					
	각 과의 분명한 목적은 알고 모임에 임했는가?					
	성령께서 나를 만지시도록 기도로 준비하였는가?					
	소그룹원들을 위해서 중보하였는가?					
	리더를 위해서 중보하였는가?					
	나를 변화시키실 하나님을 기대하는 마음으로 임했는가?					
참여 및 자세	적극적으로 질문과 대답에 참여했는가?					
	정직하게 자신을 오픈했는가?					
	지체들의 발표에 사랑하는 마음으로 공감적 경청을 하였는가?					
	모임 중 성령의 인도하심을 계속적으로 기도했는가?					
	하나님께서 원하시는 것이 무엇인지 분명히 알았는가?					
	발견된 진리를 삶과 인격에 적용하기로 결단했는가?					
	이번주에 중보할 지체를 발견했는가?					
적용 및 결단	삶과 인격 변화를 위한 이번주 자신의 적용은 구체적인가?					
	배운 내용이 삶의 상황에 분명히 적용되었는가?					
	소그룹 모임에 대한 만족감이 있었는가?					
	배운 내용을 분명하게 정리했는가?					
	이번 과의 주제와 목적을 분명히 알게 되었는가?					
	삶과 인격의 변화를 위해 기도할 준비가 되어 있는가?					
평가	이번주 총점					

"그러므로 내 사랑하는 형제들아 견실하며 흔들리지 말고 항상 주의 일에 더욱 힘쓰는 자들이 되라 이는 너희 수고가 주 안에서 헛되지 않은 줄 앎이라" (고전 15:58)

- 이번주 생일자는?
- 다음주 청년부 행사는?
- 이번 달 암송 구절과 필독서는?
- 이번주 소그룹 특이 사항은?
- 다음주 전도할 대상은?

6과
진정한 공동체로 도약하기

느헤미야 7장 1~73절

공동체를 세우는 것은 힘든 일이다.
교회 공동체는 죄인들이 모인 집합체이고,
개성과 가치도 모두 다른 사람들이
예수 그리스도를 머리로 하나된 유기체이기 때문이다.
이러한 생명체로서의 공동체를 세운다는 것은
자신의 희생과 헌신이 필요하다.
외형적으로 교회만 세워지면 공동체가 되는 것이 아니기 때문에
공동체는 진정한 내면의 모습을 갖추는 것이 필요하다.
하나의 비전을 갖고, 같은 목적을 향해 가야 한다.
연약한 지체들을 돌보면서 외면하지 말아야 하고,
성경의 가르침처럼 '하나되게 하신 것'을 힘써 지켜야 한다.
느헤미야도 마찬가지였다.
성벽은 완성되었지만 이제부터가
진정한 공동체로서의 준비를 하는 단계다.
느헤미야의 지도력을 보면서
어떤 부분들을 유념하여 공동체를 세워야 하는지
교훈을 얻는 시간을 갖자.

말씀암송 | 갈라디아서 6장 9-10절

우리가 선을 행하되 낙심하지 말지니 포기하지 아니하면 때가 이르매 거두리라, 그러므로 우리는 기회 있는 대로 모든 이에게 착한 일을 하되 더욱 믿음의 가정들에게 할지니라

|다가서기|

1. 당신이 생각하는 가장 이상적인 공동체는 어떤 공동체인가? 이런 공동체가 되기 위해서 가장 필요한 한 가지를 말하고, 그 이유도 나누어 보라.

"가장 이상적인 공동체는 ________________ 공동체다.

이를 위해서는 __________ 이 필요한데,

그 이유는 ________________ 때문이다."

2. 당신이 생각하는 교회 공동체는 어떤 곳인가? 이상적인 교회 공동체를 위해서 당신이 해야 할 일은 무엇이라고 생각하는가?

|깊이보기| 느헤미야 7장 1~73절

7장은 성벽 재건을 완공하고 난 이후 느헤미야가 성을 다스리기 위해서 하나니와 하나냐를 세우고(1~4절), 적은 수의 백성들로 인해 성 수비가 어려운 것을 인식하고 예루살렘 전역에 흩어져 있던 사람들을 성안으로 이주시키려는 계획을 갖는다는 내용이다

(4절). 그러던 중 하나님의 감동으로 스룹바벨과 함께 돌아온 1차 포로 귀환 계보를 얻게 된다(5절). 7장은 이들을 그 귀환한 대표들(6,7절), 가문과 지역별로 구분된 사람들(8~38절), 제사장과 레위 사람들, 성전 일꾼들, 솔로몬 신하들의 종들과 기타 사람들(39~65절)로 분류한다. 그리고 전체 총합의 소개와 함께 성벽 재건을 위해 드린 헌금 등을 소개한다(66~73절).

3. 성벽이 건축되고 느헤미야가 제일 먼저 한 일은 무엇인가?(2절)

4. 느헤미야가 세운 두 사람의 공통적인 특징은 무엇인가? 왜 이런 사람들을 세웠다고 생각하는가?(참고, 느1:2)

5. 느헤미야가 두 번째와 세 번째로 지시한 것은 무엇인가? 그렇게 한 이유는 무엇이라고 생각하는가?(3절)

6. 느헤미야는 성벽이 완성되었지만 이에 만족하지 않고 경계를 더 철저하게 하도록 명하였는지 그의 마음을 헤아려 나누어 보라(참고, 느1:10).

7. 경계 태세를 강화했음에도 불구하고 부족한 것이 있었다. 그것은 무엇이었으며(4절), 그 해결책으로 하나님께서 감동을 주신 것은 무엇인가?(5절)

8. 이 시점에서 1차 포로 귀환자 명단을 기록하는 것은 이 명단의 역사적 영적 의미 때문이다. 다음을 읽고 이 명단이 이스라엘 백성들에게 어떤 의미일지 선택해 보라.

☐ 출애굽한 12지파처럼 1차 포로 귀환 대표들은 12명이다(7장 7절의 '나하마니'를 포함해서).

☐ 작은 수가 애굽으로 갔지만 장정만 60만 명이 출애굽한 것처럼, 포로귀환자도 포로로 잡혀간 수보다 월등히 많다.

☐ 이 명단은 에스라 2장에 나와 있는 실제 1차 포로 명단과 대부분 동일하다(몇몇 부분들은 필사자의 실수로 보인다).

① 이 명단은 과거 출애굽을 재연한 또 다른 바벨론으로부터의 출애굽 사건으로 간주된다.
② 이 명단은 1차 포로 귀환자들만이 하나님의 참 백성이라는 점을 시사한다.
③ 이 명단은 에스라 2장을 반복함으로 지겨운 명단이다.
④ 이 명단은 느헤미야의 꼼꼼한 성격을 드러내는 기록일 뿐이다.

9. 느헤미야는 귀환자들의 명단에서 의도적으로 성전과 관련된 제사장이나 레위인, 느디님 사람들(성전 일꾼들)을 강조하는 듯하다. 그 이유는 무엇이라고 생각하는가?

10. 느헤미야의 귀환자 계수의 교훈을 통해 당신이 깨닫는 공동체의 가장 중요한 것은 무엇이라고 생각하는가? 그 이유는 무엇인가?

11. 느디님 자손들은 성전에서 여러 가지 일을 하는 일꾼들을 지칭한다. 이들은 이방인으로서 아마도 바벨론에서 여호와 신앙을 가진 자들로서 유대 땅으로 귀환하는 것은 아무런 의미가 없다. 그럼에도 불구하고 이들은 믿음 때문에 이스라엘 백성들과 함께 예루살렘으로 온 것이다. 이 사실이 당신에

주는 교훈은 무엇인가?

12. 당신이 공동체를 세우기 위해서 섬겨야 하지만 잘하지 못하는 부분이 무엇인지 나누어 보라.

|다짐하기|

13. 우리 공동체를 다시 세우기 위해 내가 할 수 있는 구체적인 방법 세 가지를 정하고, 한 주간 실천하는 순종을 다짐해 보라.

첫째

둘째

셋째

|관점얻기|

성벽 재건 후의 다스림(1~4절)

성의 문짝을 달고 느헤미야가 명한 실제적 지침들은 크게 세 가지라고 볼 수 있다. 첫째는 하나니와 하나냐를 세워 성을 다스리도록 한 것이다(2절). 하나니는 느헤미야의 친동생으로 예루살렘의 상황을 알리기 위해 무려 1,600미터나 떨어진 수산궁의 느헤미야에게로 왔던 책임감 있고 성실한 믿음의 사람이었다(1:2). 하나냐는 '충성스럽고 하나님을 경외하는 사람'이었다. 두 사람 모두 하나님을 경외하고 백성을 사랑하는 이들이다. 표면적으로는 예루살렘 성의 실제적 경비와 치안을 이유로 행정력이나 병법에 능한 사람을 세워야 하는 것이 맞다. 하지만 믿음의 사람들을 세운 이유는 궁극적으로 예루살렘은 하나님을 섬기는 공동체의 터전으로 거듭나야 하기 때문이었다.

둘째는 예루살렘 성문을 해가 뜨면 열고, 해가 지기 전에 닫게 하는 것이었다(3절). 느헤미야는 성벽이 만들어졌다는 것에 방심하지 않았다. 오히려 호시탐탐 예루살렘을 넘보는 대적들이 있음을 인식하고 좀 더 대비하는 겸손함을 보였다. 자만하지 않고, 대적들을 비웃지 않고, 계속해서 성을 지켜나가는 일관된 지도자의 모습을 볼 수 있다.

셋째는 예루살렘 성안의 주민들로 하여금 각 지역을 지키도록 했다(3절). 3절을 원문으로 보면 '각각(이쉬)'이 한 번 더 쓰여서 '일부는 ~하고, 일부는 ~하다'라는 뜻이 된다. 그러므로 3절의 뜻은 '일부는 성의 중요한 곳을 순번을 정해 지키게 했고, 나머지 순번에 들지 않는 사람들의 일부는 자신의 집 맞은편을 지키게 했다'는 뜻이다. 성안의 사람들이 많지 않았기 때문에 모든 성안의 사람들이 경비를 담당했던 것이다.

귀환 명단의 의미

성벽은 완성되었지만 성을 지키기 위해서는 거민들이 너무 적었다(4절). 그래서 성 밖에 거주하는 사람들의 상황을 파악하던 중 하나님의 감동으로 스룹바벨을 중심으로 1차 귀환한 이들의 정보를 얻는다. 이 계보는 이들을 예루살렘 성읍을 견고하게 하고 이스라엘 백성들을 선민으로 회복시키는 중요한 자료가 된다. 귀국한 지도자는 7장7절에서 말하는 '나하마니'를 포함하여 총 12명으로, 귀환자의 합은 총 42,360명이다(66절). 포로로 끌려간 사람들에 비해 굉장히 많은 수다. 여기에 등장하는 수치는 필사자에 의해 실수로 잘못 기록된 차이 말고는 에스라 2장의 1차 포로 귀환자 수치와 거의 일치한다. 12명의 지도자를 언급하는 것은 12지파를 상징하고, 야곱의 가족들이 애굽으로 간 것에 비해 장정만 60만 명이었던 출애굽의 상황을 재연하는 사건으로 간주하는 것이다(Breneman). 성벽이 완성된 시점에 소개되는 귀환자 명단은 이 귀환이 또 다른 출애굽 사건임을 상징하는 것이다.

귀환자의 특징

제사장들은 24가문 중에서 4가문만 귀환했다(참고, 대상24장). 총 4,289명으로 귀환자들의 1/10을 차지한다. 성전 사역을 돕는 레위인들은 총 세 그룹으로 소개되며, 귀환한 제사장의 수에 1/10에도 미치지 못하는 적은 수였다. 이는 포로기를 지나는 동안 레위 사람들이 제사장 가문에 비해 천대를 받았고, 귀환해도 여러 입지와 이권이 열악했기 때문으로 본다(Myers, Clines).

46절에 '느디님 사람들'은 '성전 일꾼들(temple servant)'를 의미한다(HALOT). 레위 사람들보다 더 지위가 낮은, 레위 사람들을 도와 성전의 잡일을 하던 사람들이다(스8:20). 이들 중에는 기브온 사람들과 바벨론에서 여호와를 알게 된 이방인들이 포함된다. 이들 중 상당수가 비(非)히브리어 이름이라는 것도 이를 뒷받침한다(Breneman). 이들은 귀환할 이유가 없는 자들이지만 믿음 때문에 돌아온 자들이다. 이들은 솔로몬의 신하의 자손들과 합해 총 392명으로 계수하는 것으로 봐서 둘은 거의 비슷한 일을 한 것으로 보인다(46~60절).

그리고 이스라엘 자손임을 입증하지 못한 제사장 자손들은 예배가 정상화될 때까지 성전 음식을 먹지 못하게 했다(64,65절). 1차 귀환한 이스라엘 회중의 수는 총 42,360명이다. 하지만 이는 지금까지 열거한 명단의 합산보다 11,000명 정도가 많은 수다(66절). 이 총 수는 67절에서 말하는 노비(7,337명)와 노래하는 남녀(245명)가 빠진 수다. 여기서 노래하는 남녀는 44절의 '성전에서 노래하는 자들'과 달리 사적인 즐거움과 유흥을 위해 고용한 가수 정도로 보인다(엑스포지멘터리).

느헤미야는 의도적으로 하나님의 성전을 위한 명단만을 계수하고 인간을 위한 노예나 가수들은 귀환자 명단에서 구분하여 분류한다. 이를 통해 예루살렘 성벽의 재건은 하나님의 성전을 중심으로 한 하나님 백성 공동체의 회복을 의미한다는 사실을 표방한다.

|청년 자기 체크리스트|

아래의 체크리스트를 가지고 오늘 소그룹 모임에 임한 자신의 태도를 충분히 점검해 보라.

점검 사항		5	4	3	2	1
준비 및 예습	본 과를 준비하면서 충분히 예습은 하였는가					
	각 과의 분명한 목적은 알고 모임에 임했는가?					
	성령께서 나를 만지시도록 기도로 준비하였는가?					
	소그룹원들을 위해서 중보하였는가?					
	리더를 위해서 중보하였는가?					
	나를 변화시키실 하나님을 기대하는 마음으로 임했는가?					
참여 및 자세	적극적으로 질문과 대답에 참여했는가?					
	정직하게 자신을 오픈했는가?					
	지체들의 발표에 사랑하는 마음으로 공감적 경청을 하였는가?					
	모임 중 성령의 인도하심을 계속적으로 기도했는가?					
	하나님께서 원하시는 것이 무엇인지 분명히 알았는가?					
	발견된 진리를 삶과 인격에 적용하기로 결단했는가?					
	이번주에 중보할 지체를 발견했는가?					
적용 및 결단	삶과 인격 변화를 위한 이번주 자신의 적용은 구체적인가?					
	배운 내용이 삶의 상황에 분명히 적용되었는가?					
	소그룹 모임에 대한 만족감이 있었는가?					
	배운 내용을 분명하게 정리했는가?					
	이번 과의 주제와 목적을 분명히 알게 되었는가?					
	삶과 인격의 변화를 위해 기도할 준비가 되어 있는가?					
평가	이번주 총점					

"그러므로 내 사랑하는 형제들아 견실하며 흔들리지 말고 항상 주의 일에 더욱 힘쓰는 자들이 되라 이는 너희 수고가 주 안에서 헛되지 않은 줄 앎이라" (고전 15:58)

- 이번주 생일자는?
- 다음주 청년부 행사는?
- 이번 달 암송 구절과 필독서는?
- 이번주 소그룹 특이 사항은?
- 다음주 전도할 대상은?

7과
공동체 부흥, 시작하기

느헤미야 8장 1~18절

부흥은 모든 믿는 자의 꿈이다.
부흥은 우리가 넘을 수 없는 산을 넘게 하고
들어갈 수 없는 바다 속을 들어가게 한다.
부흥은 묶였던 관계를 풀어주고
메마른 우리 마음을 단비와 같이 적셔준다.
부흥은 모든 믿는 자의 기도의 제목이며
동시에 신앙생활의 목적이다.
하지만 부흥은 도깨비 방망이가 아니다.
부흥은 하나님의 백성으로서의 참 모습을 회복하는 것이다.
그러므로 공동체는 하나님의 부흥 없이는
하나님의 백성으로서의 공동체로 설 수 없다.
부흥은 인간적인 공식으로 이룰 수 없으며,
그렇기 때문에 공식이 세워지는 순간 그것은 부흥이 아닐 것이다.
부흥은 철저하게 하나님께서 하시는 일이다.
그렇다면 인간 편에서는 할 수 있는 일이 아무 것도 없을까?
포로 귀환 공동체의 부흥의 시작을 보면서
부흥의 길을 찾아가 보자.

말씀암송 | 야고보서 1장 19절

내 사랑하는 형제들아 너희가 알지니 사람마다 듣기는 속히 하고 말하기는 더디 하며 성내기도 더디 하라

|다가서기|

1. 각자 성경 인물이나 연예인을 마음으로 정하고 한 사람씩 돌아가며 흉내나 동작을 취하여 맞히게 하라. 모두가 다 한 후에 한 사람씩 발표하게 하라.

2. 당신이 생각하는 가장 이상적인 공동체의 부흥은 어떤 것인가?

|깊이보기| 느헤미야 8장 1~18절

8장은 크게 율법 낭독(1~12절)과 초막절 거행(13~18절)으로 구분할 수 있다. 종교력으로 일곱째 달, 이스라엘의 민간력으로는 첫 달에 백성들이 주도하여 학사 에스라를 통해 아침부터 정오까지 율법을 듣는다. 백성들은 말씀을 듣고 그동안 율법을 지키지 못한 삶을 회개하며 운다. 그리고 율법에 따라 초막절을 다시 회복하여 지키게 되는데, 이는 성벽 재건과 언약 갱신 사이에 이루어진 뜻깊은 회복의 준수였다(어떤 이들은 이 시기를 에스라 9장의 전후로 보기도 한다). 이 새로운 출발은 율법의 낭독과 백성들의 통곡과 회개로 시작되었다. 이스라엘의 영적 부흥은 백성들이 하나님의 말씀을 듣는 것으로부터 시작된다.

3. 일곱째 달 초하루에 이스라엘 백성들은 어떤 일을 하였는지 자신의 말로 정리해 보라(1~3절).

4. 학사 에스라가 율법을 낭독하고 그에 반응하는 백성들의 모습을 자신의 말로 정리해 보라(4~9절).

5. 말씀을 듣고 백성들이 흐느껴 운 이유는 무엇이라고 생각하는가? 우는 백성들에게 지도자들이 다시 울지 말라고 한 이유는 무엇이라고 생각하는가?(참고, 레23:24,25, 신12:7)

6. 이스라엘 백성들은 회개의 눈물을 흘렸다. 하지만 지도자들은 울지 못하게 한다. 이를 통해 성경은 우리에게 진정한 회개가 무엇인지 가르치고자 하는 듯하다. 본문이 말하는 회개란 무엇이라고 생각하는지, 자신이 생각하는 회개와 무엇이 다른지 나누어 보라.

7. 당신은 말씀을 듣고 눈물을 흘린 적이 있는가? 그 이유는 무엇인가? 당신의 삶에서 진정으로 회개한 적이 있는지도 나누어 보라.

8. 이튿날 백성의 지도자들이 학사 에스라를 찾아왔다. 그 이유는 무엇이고, 그 결과 어떤 일이 일어났는가?(13~15절)

9. 포로에서 귀환한 백성들은 이 초막절을 어떻게 지켰으며 성경은 이것을 어떻게 규정하고 있는가?(16~18절)

10. 율법을 듣고 다시 초막절을 지킨 것은 성벽 재건이라는 외적 회복 이후에 이스라엘이 내적으로 진정한 회복과 부흥을 맞이하게 되었다는 의미다. 이 부흥의 시작이 무엇인지 확인하라(8,9절). 이 사실이 당신에게 시사하는 바는 무엇인가?

11. 개인적으로 회복된 적이 있는가? 그 회복은 무엇으로 시작되었는지 각자의 이야기를 나누어 보라.

12. 이스라엘 백성들은 이 말씀을 들을 때 어떻게 말씀을 받았는가?(5,6절) 당신의 말씀 받는 태도와 비교해 보고 어떤 부분을 시정할 수 있을지 나누라.

|다짐하기|

13. 공동체의 부흥은 말씀으로 시작된다. 말씀에 대한 구체적인 계획을 다음 범주에 따라 세워 결단과 함께 나누어 보라.

|관점얻기|

부흥의 시작(1~8절)

학자들은 성벽 재건 후 일곱째 달 초하루에 수문 앞 광장에 모인 회중을 최초의 회당 모임으로 본다. 이때부터 이스라엘 종교는 성전보다 율법(Torah)을 더 중요한 자리에 두게 된다(Breneman). 백성들은 요청했고, 학사 에스라는 백성의 대표들 13명과 함께 아침부터 정오까지 율법을 낭독한다. 백성들은 일어서서 손을 들고 아멘 아멘하며, 얼굴을 땅에 대고 경배하며 말씀에 반응한다(5,6절). 바벨론 포로 기간 동안 백성들이 히브리어를 잊어버렸기 때문에 많은 레위인들이 백성들 사이에 서서 통역을 하여 깨닫게 한다(7,8절). '해석하다(메포라쉬)'는 '통역하여 깨닫게 하다'는 의미가 있다. 귀환한 이스라엘 백성들의 진정한 내적 부흥이 시작된 것이다. 부흥은 말씀의 선포로 시작된다.

말씀에 대한 반응(9~12절)

선포된 말씀에 백성들은 일제히 울었다(9절). '울다(보킴)'는 잠깐 운 것이 아니라 '끊임없이 흐느껴 울었다'는 의미다. 말씀대로 살지 못했던 지난날을 진심으로 회개하는 눈물이었다. 말씀 때문에 울었다. 하지만 지도자들은 '오늘은 너희 하나님 여호와의 성일이니 슬퍼하지 말라'고 명한다. 이 성일은 새해의 첫날인 나팔절로 이웃과 함께 기뻐하는 즐거운 축제일이 되어야 하기 때문이다(레23:24,25, 민29:1~6, 신12:7,12). 역시나 말씀 때문에 울지 못하게 한 것이다. 회개는 감정적인 뉘우침을 넘어 '하나님의 말씀으로 돌아옴'이다. "여호와로 인하여 기뻐하는 것이 너희의 힘(마웃제)"이라는 말은 피난처라는 의미다. 즉 '슬픔에 빠진 포로 귀환자들의 피난처는 바로 하나님을 기뻐하는 것'이라는 뜻이다. 백성들은 '그 읽어 들려 준 말을 밝히 앎'으로 말씀대로 준행한 것이다(12절).

초막절 준수(13~18절)

이튿날 지도자들은 율법의 말씀을 더욱 밝히 알고자 학사 에스라에게 나아왔다. 그리고 초막절을 준수해야 함을 알았고, 곧바로 모든 백성들에게 초막을 짓도록 명령한다(13~15절). '초막(수카)'은 이스라엘 백성들이 애굽을 떠나 처음 머문 곳의 지명이기도 하다(출12:37). 출애굽의 은혜를 기념하는 절기다. 17절은 이들을 "사로잡혔다가 돌아온 회중(카할)"이라고 명명한다.

'카할'은 모세가 이끌던 광야의 교회 공동체를 의미한다. 바벨론 포로 귀환자들이 말씀을 지키자 성경은 이들을 바벨론으로부터 출애굽한 교회 공동체로, 하나님의 참백성으로 명명하는 것이다. 백성들은 율법이 정한 대로 일주일 동안 매일 말씀을 낭독하였고 마지막 8일째 되는 날에는 성회를 열었다.

'성회를 열었다(아체레트)'는 '일의 중단, 노동의 억제'라는 뜻에서 '거룩한 대회'라는 의미로 발전했다. 이날은 종교적 집회와 함께 노동을 중단했던 것이다(레23:34~36). 외적 회복인 성벽 재건에 이어 내적 회복인 부흥이 주어지고 있는 것이다. 부흥은 하나님의 말씀으로 돌아가는 것이다.

|청년 자기 체크리스트|

아래의 체크리스트를 가지고 오늘 소그룹 모임에 임한 자신의 태도를 충분히 점검해 보라.

점검 사항		5	4	3	2	1
준비 및 예습	본 과를 준비하면서 충분히 예습은 하였는가					
	각 과의 분명한 목적은 알고 모임에 임했는가?					
	성령께서 나를 만지시도록 기도로 준비하였는가?					
	소그룹원들을 위해서 중보하였는가?					
	리더를 위해서 중보하였는가?					
	나를 변화시키실 하나님을 기대하는 마음으로 임했는가?					
참여 및 자세	적극적으로 질문과 대답에 참여했는가?					
	정직하게 자신을 오픈했는가?					
	지체들의 발표에 사랑하는 마음으로 공감적 경청을 하였는가?					
	모임 중 성령의 인도하심을 계속적으로 기도했는가?					
	하나님께서 원하시는 것이 무엇인지 분명히 알았는가?					
	발견된 진리를 삶과 인격에 적용하기로 결단했는가?					
	이번주에 중보할 지체를 발견했는가?					
적용 및 결단	삶과 인격 변화를 위한 이번주 자신의 적용은 구체적인가?					
	배운 내용이 삶의 상황에 분명히 적용되었는가?					
	소그룹 모임에 대한 만족감이 있었는가?					
	배운 내용을 분명하게 정리했는가?					
	이번 과의 주제와 목적을 분명히 알게 되었는가?					
	삶과 인격의 변화를 위해 기도할 준비가 되어 있는가?					
평가	이번주 총점					

"그러므로 내 사랑하는 형제들아 견실하며 흔들리지 말고 항상 주의 일에 더욱 힘쓰는 자들이 되라 이는 너희 수고가 주 안에서 헛되지 않은 줄 앎이라" (고전 15:58)

- 이번주 생일자는?
- 다음주 청년부 행사는?
- 이번 달 암송 구절과 필독서는?
- 이번주 소그룹 특이 사항은?
- 다음주 전도할 대상은?

8과
하나님의 사랑에 반응하기

느헤미야 9장 1~37절

세상의 모든 사람들이 그리워하는 것이 사랑이다.
사랑이 없어서 문제가 되고,
사랑 때문에 문제가 되기도 한다.
사랑을 얻기 위해 생명을 바치기도 하고,
죽음으로 사랑을 증명하기도 한다.
사랑은 모든 인간이 사모하는 것이고
반드시 얻으려고 하는 인생의 목표와도 같다.
이렇게 사람들이 사랑에 목을 매는 것은
하나님께로부터 받은 사랑의 흔적 때문이다.
믿는 사람이든 믿지 않는 사람이든
창조의 흔적을 지니고 살아가는데
그것이 창조주로부터 받은 사랑인 셈이다.
그렇기 때문에 인간이 하나님의 사랑을 발견하면
그때부터 인생의 변화가 일어나기 시작한다.
포로 귀환 백성들은 말씀을 통해 하나님의 사랑을 깨닫게 된다.
그 사랑에 어떤 반응들을 보였는지 살펴보도록 하자.

말씀암송 | 야고보서 1장 19절

내 사랑하는 형제들아 너희가 알지니 사람마다 듣기는 속히 하고 말하기는 더디 하며 성내기도 더디 하라

|다가서기|

1. '사랑해'로 삼행시를 지어보라. 각자 발표하여 가장 잘한 사람을 뽑아 시상하라.

사

랑

해

2. 하나님의 사랑을 한 문장으로 정리해 보라. 그리고 그렇게 말한 이유도 설명해 보라.

"하나님의 사랑은 __________ . 그 이유는 _______ .

|깊이보기| 느헤미야 9장 1~37절

9장은 세 번째 율법의 낭독을 다루고 있다. 첫 번째 낭독 때는 함께 기뻐하며 음식을 나누었다. 두 번째 낭독 때는 초막절을 지켰다. 세 번째 낭독은 회개와 고백으로 반응한다. '그달 24일'은 티스리월(7월) 24일로, 초막절 성회가 22일에 끝나고 이틀이 지난

시점으로 보인다. 본문은 언약 갱신을 위한 시간으로 세 부분으로 나눌 수 있다. 첫 번째 부분은 현재의 전민족적 회개를 다루고(1~5절 상반절), 두 번째 부분은 과거 이스라엘 역사를 회고하며 하는 찬양을 다루고(5절 하반절~31절), 세 번째 부분은 하나님께 현재의 상황을 아뢰며 미래의 긍휼을 구하는 기도를 다룬다(32~37절).

3. 이스라엘 백성들이 자신들의 죄를 자복하고 회개하는 이유는 무엇이라고 생각하는가?(참고, 느8:8,9)

4. 1~5절까지를 보고 이스라엘 백성들이 한 회개의 다섯 가지 특징을 찾아보라.

① □□□ □이 함께 회개했다(1절).

② □□□ 인 결단이 있는 회개였다(1절).

③ 자신의 죄와 □□□ 의 허물을 함께 회개했다(2절).

④ □□ 가 동반된 회개였다(3절).

⑤ □□□□ 이 먼저 한 회개였다(4,5절).

지도자들	조상들	경배	모든 백성	실제적

5. 이스라엘 백성들의 다섯 가지 회개의 특징을 보면서 깨달은 것이 있다면 전부 말해 보라.

6. 5절 하반절부터 31절까지는 백성들의 과거를 회상하며 하나님을 경배하는 내용이다. 이들이 과거를 회고하며 하나님을 찬양하는 이유는 무엇인지 각자의 생각을 나누어 보라.

7. 찬양의 이유를 크게 여섯 가지로 생각해 볼 수 있다. 각각의 찬양의 이유를 정리해 보라.

5절 ·	· 창조와 보존
6절 ·	· 가나안 전쟁의 승리와 열매
7,8절 ·	· 출애굽의 응답과 기적
9~11절 ·	· 찬양의 당위성
21~21절 ·	· 광야에서의 인도하심과 신실하심
22~31절 ·	· 아브라함을부르심과언약을맺으심

8. 과거를 회상하며 찬양했던 핵심적 이유는 반복되는 범죄 가운데서도 하나님께서는 처음에 세우셨던 언약을 신실히 시키셨기 때문이다. 당신이 과거를 돌아보며 하나님께 감사하는 이유는 무엇인가?

9. 32절부터 38절까지는 지금의 상황을 하나님께 아뢰며 미래의 긍휼을 구하는 내용이다. 이들이 미래의 긍휼을 구하는 그 이유는 무엇이라고 생각하는가?(33절)

10. 당신은 하나님께서 당신의 미래에 선하신 인도하심과 긍휼히 여기심이라는 선물을 주실 것이라고 확신하는가? 그렇다면 그 이유는 무엇인지, 그렇지 않다면 그 이유도 무엇인지 나누어 보라.

11. 미래의 소망은 과거에 대한 영적 해석이 가능할 때 주어지는 것이다. 당신의 과거의 아픔이나 상처, 실수 등을 영적으로 해석해 보라.

|다짐하기|

12. 과거의 상처들 세 가지를 현재적 관점에서 영적으로 해석해 보라. 그리고 그 해석을 근거로 미래에 어떻게 될 것인지를 구체적으로 소망해 보라.

과거의 상처	현재의 해석	미래의 소망

|관점얻기|

현재의 뉘우침을 위한 회개(1~5절 상반절)

백성들의 회개의 첫 번째 특징은 모든 백성이 함께 자복하는 범민족적 회개였다는 점이다(1절). 두 번째는 실제적인 결단이 있는 회개였다(1절). 그래서 이방 사람들과 절교를 선언하고, 금식하며, 굵은 베옷을 입고, 티끌을 무릅쓰고 간구하였다. 세 번째는 자신의 죄와 조상들의 허물을 함께 자복하였다(2절). 하나님 앞에서 조상들과 자신들이 하나로 연결된 동일한 공동체임을 인식한 것이다. 네 번째는 말씀에 대한 반응이면서 경배가 동반된 것이었다(3절). 다섯 번째는 지도자들이 먼저 하나님께 부르짖었다(4,5절). 이것은 오늘날 교회 공동체가 말씀에 반응하여 어떻게 회개해야 할지를 보여주는 표본이라 할 수 있다.

과거의 회고와 찬양(5절 하반절~31절)

이 부분은 하나님을 송축하는 내러티브로 역사 속에서 베풀어주신 하나님의 은혜를 찬송한다. 주제별로 크게 여섯 가지로 분류할 수 있다(Williamson, 그의 7번째 부분은 필자가 별도로 분류함). 첫 번째는 하나님 되심에 대한 찬양의 당위성을 이야기한다(5절). 두 번째는 하늘과 땅, 바다를 창조하시고 보존하심을 경배한다(6절). 세 번째는 아브라함을 택하여 언약을 세우고 가나안 땅을 주심을 노래한다(7,8절). 네 번째는 출애굽의 은혜와 능력을 찬양한다(9~11절). 다섯 번째는 광야에서 이스라엘 백성들이 행한 범죄에도 불구하고 베풀어 주신 보호하심과 기적, 인도하심과 용서, 그리고 시내산에서의 율법 하사를 노래한다(12~21절). 여섯 번째는 반복되는 범죄에도 불구하고 가나안 정복 전쟁 가운데 주셨던 승리와 열매들을 노래한다(22~31절).

미래의 긍휼을 위한 기도(32~37절)

이 부분은 이스라엘의 범죄에도 불구하고 언약을 신실하게 지키셨던 하나님을 회고하며 미래의 긍휼을 구하는 내용이다. 범죄 중에라도 하나님께 간구할 수 있는 이유는 과거 역사 속에서 보여주셨던 하나님의 진실하심 때문이다. 9장은 하나님과의 언약 갱신을 앞두고 하는 기도이므로 하나님의 언약에 대한 회고가 주된 뼈대를 이룬다. 비록 과거의 죄로 인해 현재의 고난이 있지만, 그럼에도 불구하고 과거 하나님의 은혜를 근거로 하여 미래의 긍휼을 구하는 것이다. 언약 갱신을 위한 이 회개의 기도는 결국 언약에 신실하셨던 하나님께로 돌아오는 결단이라고 할 수 있다. 과거의 상처를 현재에서 영적으로 해석할 수 있을 때 비로소 미래를 소망할 수 있다.

|청년 자기 체크리스트|

아래의 체크리스트를 가지고 오늘 소그룹 모임에 임한 자신의 태도를 충분히 점검해 보라.

점검 사항		5	4	3	2	1
준비 및 예습	본 과를 준비하면서 충분히 예습은 하였는가					
	각 과의 분명한 목적은 알고 모임에 임했는가?					
	성령께서 나를 만지시도록 기도로 준비하였는가?					
	소그룹원들을 위해서 중보하였는가?					
	리더를 위해서 중보하였는가?					
	나를 변화시키실 하나님을 기대하는 마음으로 임했는가?					
참여 및 자세	적극적으로 질문과 대답에 참여했는가?					
	정직하게 자신을 오픈했는가?					
	지체들의 발표에 사랑하는 마음으로 공감적 경청을 하였는가?					
	모임 중 성령의 인도하심을 계속적으로 기도했는가?					
	하나님께서 원하시는 것이 무엇인지 분명히 알았는가?					
	발견된 진리를 삶과 인격에 적용하기로 결단했는가?					
	이번주에 중보할 지체를 발견했는가?					
적용 및 결단	삶과 인격 변화를 위한 이번주 자신의 적용은 구체적인가?					
	배운 내용이 삶의 상황에 분명히 적용되었는가?					
	소그룹 모임에 대한 만족감이 있었는가?					
	배운 내용을 분명하게 정리했는가?					
	이번 과의 주제와 목적을 분명히 알게 되었는가?					
	삶과 인격의 변화를 위해 기도할 준비가 되어 있는가?					
평가	이번주 총점					

"그러므로 내 사랑하는 형제들아 견실하며 흔들리지 말고 항상 주의 일에 더욱 힘쓰는 자들이 되라 이는 너희 수고가 주 안에서 헛되지 않은 줄 앎이라" (고전 15:58)

- 이번주 생일자는?
- 다음주 청년부 행사는?
- 이번 달 암송 구절과 필독서는?
- 이번주 소그룹 특이 사항은?
- 다음주 전도할 대상은?

9과
말씀 지키기

느헤미야 9장 38절~10장 39절

모든 나라는 그 나라를 지탱하는 법이 있다.
법을 지키지 않으면 무질서가 지배해서
약육강식(弱肉强食)의 사회가 조성될 것이다.
그래서 나라가 클수록 법의 적용이 엄격하다.
하나님 나라에도 법이 있다.
그것은 하나님의 말씀이며, 율법으로 상징된다.
하나님의 나라는 사랑의 나라이며,
이 하나님의 사랑이 율법에 기록되어진 셈이다.
그러므로 율법을 지키는 것은
하나님의 사랑에 동의하는 것이며
동시에 하나님의 나라를 안전하고 평화롭게 지탱해 가는 방법이다.
포로에서 귀환한 이스라엘 백성들은
이 하나님의 율법을 깨닫고 하나님과 다시 율법의 언약을 갱신한다.
그들의 결단과 갱신의 내용을 통해서
우리는 하나님의 말씀을 지키는 삶의 Tip을 얻게 된다.

말씀암송 | 야고보서 1장 19절

내 사랑하는 형제들아 너희가 알지니 사람마다 듣기는 속히 하고 말하기는 더디 하며 성내기도 더디 하라

|다가서기|

1. 살면서 당신에게 가장 안정감 느끼게 해 준 것은 무엇이었는지, 그 이유는 무엇인지 서로 나누어 보라.

2. 당신이 생각하는 말씀을 지키는 삶이란 어떤 삶인가? 자신이 잘 지키는 말씀과 지키지 못하는 말씀을 나누어 보라.

|깊이보기| 느헤미야 9장 38절~10장 39절

본문은 이스라엘 백성들이 하나님의 율법을 깨닫고 그 율법을 지키는 삶을 살기 위해 언약을 갱신하는 장면이다. 본문은 크게 세 부분으로 나누어 볼 수 있다. 첫째는 '언약 갱신을 위한 예배(38절)', 둘째는 '언약에 서명한 지도자(10:1~27)', 셋째는 '언약의 내용(28~39)' 이 그것이다. 포로 귀환한 백성들이 율법을 깨닫고 회개하며 말씀을 지키기로 결심한 것을 언약에 인봉하는 것으로 확증하는 내용을 담고 있다.

3. 하나님과 이스라엘 백성 사이에 한 언약을 갱신하기 위해서 이스라엘 백성들은 먼저 어떤 일을 하였는가? 38절 말씀을 자신의 말로 풀어 설명해 보라.

4. 이 언약의 갱신을 위해 서명한 사람들은 어떤 부류의 누구인가?(1,8,9,14절)

5. 회개의 확증은 언약의 갱신이고, 언약의 갱신은 율법을 지키는 것이다. 누가 이 일에 앞장섰는가? 그래야 하는 이유는 무엇인가?(참고, 딤전5:17)

6. 백성들에게 제시한 언약 갱신의 내용은 크게 여섯 가지로 볼 수 있다. 첫 번째는 무엇이고, 그렇게 한 이유는 무엇이라고 생각하는가?(30절)

7. 언약 갱신의 두 번째 내용은 무엇인가?(31절) 안식일의 의미는 무엇이라고 생각하는가?(참고, 신5:14,15)

8. 세 번째 언약 갱신의 내용은 무엇인가? 이것이 오늘을 사는 우리에게 시사하는 바는 무엇이라고 생각하는가?(32절)

9. 언약 갱신의 네 번째 내용은 무엇인가?(35~37절 상반절) 이 언약의 의미는 무엇이고, 우리에게 시사하는 바는 무엇인가?(참고, 출13:11~16)

10. 언약 갱신의 다섯 번째 내용은 무엇인가?(37절 상반절,38절) 오늘날 당신에게 십일조는 어떤 의미인지 나누어 보라.

11. 마지막 여섯 번째 언약 갱신의 내용은 무엇인가? 왜 이들은 이런 결정을 하였다고 생각하는가?(39절) 당신에게 하나님의 교회는 어떤 의미인지도 나누어 보라.

12. 당신에게는 하나님의 말씀을 지키기 위해서 애쓰고 있는 부분이 있는가? 구체적으로 나누어 보라.

|다짐하기|

13. 말씀을 지키기 위한 구체적인 7가지 계명을 정해서 소그룹원들에게 나누어 보라

말씀 지키기 7계명	
첫째	
둘째	
셋째	
넷째	
다섯째	
여섯째	
일곱째	

|관점얻기|

언약 갱신을 위한 서명(38절)

38절은 회개와 고백 이후에 지도자들이 하나님 앞에서 언약을 갱신하기 서명한 것을 설명한다. '견고한 언약'이란 '견고함의 언약을 세우다'라는 의미로, 앞에서 드린 회개와 고백의 결과로 언약을 굳게 지키겠다는 결단이다. 이 결단의 확증으로 각계각층의 지도자들이 언약 갱신의 내용을 글로 적고 거기에 도장을 찍어 서명했다. 이스라엘 공동체는 반복됐던 범죄에도 불구하고 하나님의 신실하심에 의지하여 지도자들이 대표하여 언약을 갱신하고 있다.

언약에 서명한 지도자들(10:1~27절)

언약에 서명한 지도자들은 크게 정치 지도자들과 제사장들과 레위인 지도자들, 그리고 백성의 우두머리들로 나눈다. 느헤미야와 시드기야는 접속사로 연결된 반면 나머지는 그냥 나열된 것으로 보아 느헤미야와 시드기야는 정치 지도자로 보인다(Breneman)(1절). 제사장들은 총 21명이다(2~8절). 레위 사람들은 총 17명으로 이들 중 6~7명은 에스라와 함께 율법을 가르쳤다(9~13절). 백성의 우두머리들은 총 44명으로, 21명은 에스라 2장3~30절에 기록된 이름과 비슷하다. 나머지 23명은 성벽 재건을 도운 사람과 아마도 가장 최근에 바벨론에서 돌아온 사람들일 것이다(Kidner)(14~27절).

언약의 갱신의 내용(28~39절)

이들이 소개하고 있는 언약의 내용은 이방인과 절교하고 하나님의 율법을 준행하는 것으로 점철되는데, 크게 여섯 가지로 나누어 볼 수 있다(엑스포지멘터리). 첫째는 자녀들을 이방 백성과 결혼시키지 않는 것이다(30절). 둘째는 안식일을 철저히 지키는 것이다(31절). 물건을 팔지 않고, 일곱째 해마다 땅을 쉬게 하고, 빚을 탕감해 주는 것이다. 셋째는 하나님의 전에 해마다 1/3 세겔을 헌금하기로 한 것이다(32절). 넷째는 첫 소산이나 첫 태생을 하나님께 바치는 것이다(35~37절 상반절). 다섯째는 레위 사람들로 하여금 제사장 한 명을 동반하여 백성들에게 십일조를 걷게 하는 것이다(37절 하반절, 38절). 여섯째는 하나님의 전의 창고가 비지 않도록 헌물하는 것이다(39절).

|청년 자기 체크리스트|

아래의 체크리스트를 가지고 오늘 소그룹 모임에 임한 자신의 태도를 충분히 점검해 보라.

점검 사항		5	4	3	2	1
준비 및 예습	본 과를 준비하면서 충분히 예습은 하였는가					
	각 과의 분명한 목적은 알고 모임에 임했는가?					
	성령께서 나를 만지시도록 기도로 준비하였는가?					
	소그룹원들을 위해서 중보하였는가?					
	리더를 위해서 중보하였는가?					
	나를 변화시키실 하나님을 기대하는 마음으로 임했는가?					
참여 및 자세	적극적으로 질문과 대답에 참여했는가?					
	정직하게 자신을 오픈했는가?					
	지체들의 발표에 사랑하는 마음으로 공감적 경청을 하였는가?					
	모임 중 성령의 인도하심을 계속적으로 기도했는가?					
	하나님께서 원하시는 것이 무엇인지 분명히 알았는가?					
	발견된 진리를 삶과 인격에 적용하기로 결단했는가?					
	이번주에 중보할 지체를 발견했는가?					
적용 및 결단	삶과 인격 변화를 위한 이번주 자신의 적용은 구체적인가?					
	배운 내용이 삶의 상황에 분명히 적용되었는가?					
	소그룹 모임에 대한 만족감이 있었는가?					
	배운 내용을 분명하게 정리했는가?					
	이번 과의 주제와 목적을 분명히 알게 되었는가?					
	삶과 인격의 변화를 위해 기도할 준비가 되어 있는가?					
평가	이번주 총점					

"그러므로 내 사랑하는 형제들아 견실하며 흔들리지 말고 항상 주의 일에 더욱 힘쓰는 자들이 되라 이는 너희 수고가 주 안에서 헛되지 않은 줄 앎이라" (고전 15:58)

- 이번주 생일자는?
- 다음주 청년부 행사는?
- 이번 달 암송 구절과 필독서는?
- 이번주 소그룹 특이 사항은?
- 다음주 전도할 대상은?

10과
믿음 위한 희생하기

느헤미야 11장 1~36절

무언가 원하는 것을 얻으려면 반드시 대가를 지불해야 한다.
성공이라는 열매를 얻으려면 노력이라는 희생을 해야 하듯이,
인생의 가치를 위해서는 즐거움을 대가로 지불해야 한다.
좋은 인생이란 좋은 습관을 통해 주어지고,
좋은 습관은 반복되는 훈련을 통해 얻을 수 있다.
반복되는 훈련이란 희생과 노력의 수고가 있어야 한다.
그래서 훈련이고, 훈련의 생명은 반복이다.
미래의 귀중한 무언가를 얻기 위해서
지금의 수고와 고통을 기꺼이 지불할 줄 아는 사람만이
그것을 얻을 수 있다는 교훈은 삶의 진실이다.
신앙도 마찬가지다.
무언가 의미 있는 결정을 하기 위해서는
희생이 따를 수밖에 없다.
하지만 그 희생은 하나님의 축복을 부르는 위대한 결정이 된다.

말씀암송 | 잠언 9장 8,9절

거만한 자를 책망하지 말라 그가 너를 미워할까 두려우니라 지혜 있는 자를 책망하라 그가 너를 사랑하리라, 지혜 있는 자에게 교훈을 더하라 그가 더욱 지혜로워질 것이요 의로운 사람을 가르치라 그의 학식이 더하리라

|다가서기|

1. 당신이 세상에서 가장 존경하는 사람은 어떤 사람인가? 왜 그렇게 생각하는지도 나누어 보라.

2. 과거에 믿음을 위해서 희생한 적이 있다면 나누어 보라. 그때의 감정, 상황, 열매 등을 구체적으로 나누어 보라.

|깊이보기| 느헤미야 11장 1~36절

느헤미야는 크게 두 부분으로 나뉜다. 성벽 재건이 첫 번째 부분이라면, 언약 갱신과 개혁으로 8~13장까지 이어지는 부분이 두 번째 부분이다. 두 번째 부분은 대략 세 부분으로 나누어 볼 수 있다. 8~10장은 '절기 준수와 언약 갱신', 11,12장은 '예루살렘 이주 정책과 성벽 낙성식, 제사제도 확립', 그리고 13장은 '느헤미야의 일련의 개혁들'이다. 11장 1~36절은 이스라엘 백성들의 예루살렘 이주 정책과 인구 분산에 대한 내용을 소개하는데, 세 부분으로 분류할 수 있다. 1,2절은 이주민의 선출에 대해서, 3~24절은 이주민의 명단에 대해서, 25~36절은 마을별 거주민에 대해서 소개한다.

3. 백성들이 예루살렘 성으로 이주하기 위해서 크게 세 가지의 실천이 진행되었다. 그 첫 번째 실천은 무엇인가?(1절 상반절)

4. 두 번째 이주를 위한 실천은 무엇인가? 그 의미는 무엇이라고 생각하는가?(1절 하반절)

5. 세 번째 이주를 위한 실천은 무엇인가? 예루살렘 성이 황폐하고 이주하기에 어려운 점들이 많았음을 감안할 때 이들의 이주 결정을 어떻게 정의할 수 있겠는가?(2절)

6. 신앙적 결단을 위해 희생한 것이 결과적으로는 복이 된 경험이 있다면 나누어 보라.

7. 예루살렘 이주는 이미 7장 4절에서 그 필요성을 언급한 바 있지만 바로 시행하지 않고 성벽을 재건하고, 율법 낭독과 언약 갱신(8~10장) 후에 시행을 한다(11장). 이것이 의미하는 바는 무엇이라고 생각하는가?

8. 백성들의 예루살렘 이주가 갖는 의미를 모두 찾아보라. 그들의 이런 결단이 오늘을 사는 당신에게 시사하는 바는 무엇인가?

- 수동적 이주
- 능동적 이주
- 행정적 이주
- 신앙적 이주
- 투기적 이주
- 희생적 이주
- 개인적 이주
- 공동체적 이주

9. 믿음으로 사는 것은 수동적이 아닌 능동적인 결단이다. 당신의 신앙적 삶에 수동적인 면을 능동적으로 결단하고 실천해야 할 부분들이 있다면 솔직하게 나누어 보라(참고, 벧전 5:2).

10. 삶에서 신앙을 위해 내려놓아야 하는 물질적이고, 가정적이고, 편의적인 이익이 있는지 생각해 보고 구체적으로 나누라(참고, 엡5:2).

11. 신앙생활은 개인적이면서 동시에 공동체적이어야 한다. 교회 안에서 공동체적 삶을 위해 무엇을 희생할 수 있을지 나눠보라(참고, 엡4:3).

|다짐하기|

12. 세상과 교회 안에서 믿음의 삶을 살기 위해 희생이 필요한 부분은 무엇인지 고민하여 구체적인 실천 사항을 나누어 보라.

	세상	교회
①		
②		
③		
④		

|관점얻기|

신앙적 결단으로서의 이주

예루살렘 이주는 이미 7장 1~4절에서 그 필요성을 언급한 바 있다. 하지만 느헤미야는 바로 이주 정책을 실시하지 않고, 먼저 이스라엘 공동체의 외형적 틀이라고 할 수 있는 성벽을 재건하고(7장), 그 다음 율법의 낭독과 언약 갱신을 통해 내면적 기틀을 마련한 다음(8~10장), 이주하는 정책을 실시한다. 이는 이 이주가 그저 행정적인 절차가 아니라 신앙적인 결단이었다는 점을 강조하는 것이다. 또 느헤미야는 이주를 위해 먼저 포로 귀환자들의 명단을 재확인하였고(7:5~73), 그 다음 지도자들이 먼저 솔선수범하여 예루살렘에 거하였다(1절).

1절의 '거주하다(야솨브)'는 잠깐 체류한 것이 아니라 아예 살기로 작정하고 정착하였다는 말이다. 그리고 제비를 뽑아 인구의 1/10이 이주하도록 하였다(1~24절). '제비뽑기'를 하나님의 간섭하심으로 인정하는 당시 구약의 정서를 반영하면 예루살렘 거주가 신앙적 발로임을 드러내고자 한 것이다. 그리고 자원하여 이주하는 자들을 축복한다. 결국 이 이주는 언약 갱신과 율법 준수의 결과로서 이루어진 신앙적이고 자발적인 결단임을 드러내는 것이다.

이주를 위한 희생 감수

당시 예루살렘 이주는 그리 쉬운 일이 아니었을 것이다. 먼저 그들은 이미 정착하여 일구어 놓은 생활의 터전을 포기해야 했을 것이다. 또 예루살렘은 여전히 대적들의 공격 대상이 되고 있는

위험이 가시지 않은 곳이었기에 불안을 감수해야 했을 것이다. 뿐만 아니라 아직까지 예루살렘은 심하게 황폐하여 거주하기에 적합한 가옥들이 부족했을 것이다. 그럼에도 불구하고 백성들 중에는 자원하여 거주하기를 자처한 자들이 있었고, 1/10이 제비뽑기를 통해 이를 하나님의 뜻으로 간주하여 이주를 결정한다. 이는 예루살렘 이주가 한 지도자에 의해 수동적으로 마지못해 이루어진 일이거나 개인적인 유익을 위한 결단이 아니라 신앙적인 발로로 이루어진 희생의 결단이며, 공동체와 예배를 세우고자 하는 결단임을 드러낸다.

이주한 자들(3~24절)

예루살렘에 정착한 백성들은 유다 자손 중에는 베레스 자손(468명), 실로 사람의 자손(690명, 대상9:6), 베냐민 자손 중에는 살루 자손(928명), 제사장들 중에는 야다야 자손(822명), 바스훌 자손(242명), 임멜 자손(128명), 레위 사람들은 284명, 성전 막일꾼, 노래하는 자들 등이었다. 이주의 핵심적인 메시지는 얼마나 많은 사람들이 이주했는가가 아니라 성전 예배를 차질 없이 드릴 수 있도록 하는 사역자들이 이주했다는 데 있다(엑스포지멘터리).

당시 이주 인구가 얼마인지는 정확히 알 수 없지만 약 1만 명 정도로 추산된다. 그 이유는 당시 1차 포로 귀환자들의 수가 약 5만명 정도 되었고, 2,3차 포로 귀환자들의 대부분이 예루살렘에 정착하였을 가능성이 높은 상황에서 전체 인구의 1/10이 제비뽑기를 통해 예루살렘에 거주하였기 때문이다. 또한 자원하여 예루살렘에 이주한 사람들도 상당수 있었기 때문이다(옥스포드원어성경대전).

|청년 자기 체크리스트|

아래의 체크리스트를 가지고 오늘 소그룹 모임에 임한 자신의 태도를 충분히 점검해 보라.

점검 사항		5	4	3	2	1
준비 및 예습	본 과를 준비하면서 충분히 예습은 하였는가					
	각 과의 분명한 목적은 알고 모임에 임했는가?					
	성령께서 나를 만지시도록 기도로 준비하였는가?					
	소그룹원들을 위해서 중보하였는가?					
	리더를 위해서 중보하였는가?					
	나를 변화시키실 하나님을 기대하는 마음으로 임했는가?					
참여 및 자세	적극적으로 질문과 대답에 참여했는가?					
	정직하게 자신을 오픈했는가?					
	지체들의 발표에 사랑하는 마음으로 공감적 경청을 하였는가?					
	모임 중 성령의 인도하심을 계속적으로 기도했는가?					
	하나님께서 원하시는 것이 무엇인지 분명히 알았는가?					
	발견된 진리를 삶과 인격에 적용하기로 결단했는가?					
	이번주에 중보할 지체를 발견했는가?					
적용 및 결단	삶과 인격 변화를 위한 이번주 자신의 적용은 구체적인가?					
	배운 내용이 삶의 상황에 분명히 적용되었는가?					
	소그룹 모임에 대한 만족감이 있었는가?					
	배운 내용을 분명하게 정리했는가?					
	이번 과의 주제와 목적을 분명히 알게 되었는가?					
	삶과 인격의 변화를 위해 기도할 준비가 되어 있는가?					
평가	이번주 총점					

"그러므로 내 사랑하는 형제들아 견실하며 흔들리지 말고 항상 주의 일에 더욱 힘쓰는 자들이 되라 이는 너희 수고가 주 안에서 헛되지 않은 줄 앎이라" (고전 15:58)

- 이번주 생일자는?
- 다음주 청년부 행사는?
- 이번 달 암송 구절과 필독서는?
- 이번주 소그룹 특이 사항은?
- 다음주 전도할 대상은?

11과
예배의 길 회복하기

느헤미야 12장 27절~13장 3절

영원히 지속하고 성장하는 에너지는 없다.
세상의 모든 재원은 한계가 있기 때문에
언젠가는 소진되기 마련이고, 침체가 찾아온다.
그래서 지혜로운 사람은 계속해서 원기 있게 사역하는 방법보다
어떻게 회복할 수 있을지에 대해 귀를 기울인다.
회복은 그런 의미에서 모든 만물이 기대하는 바이다.
회복되어야 다시 원기왕성하게 살고, 사역할 수 있기 때문이다.
어떻게 하는 것이 회복일까?
사역의 쟁기를 내려놓고 나무 그늘로 들어가서 쉬면 그만일까?
물론 그런 쉼도 반드시 필요하다.
하지만 진정한 회복을 위해서는 영적인 회복이 있어야 한다.
주님은 '수고하고 무거운 짐 진 자들아,
나무 그늘로 들어가라'고 말씀하시지 않는다.
주님은 '나의 멍에를 매고 나에게서 배우라'고 말씀하신다.
이것이 영적 회복이다.
진정한 영적 회복은 말씀으로 돌아오는 것이다.
느헤미야의 성벽 봉헌식은 진정한 회복이 무엇인지를 교훈한다.

말씀암송 | 잠언 9장 8,9절

거만한 자를 책망하지 말라 그가 너를 미워할까 두려우니라 지혜 있는 자를 책망하라 그가 너를 사랑하리라, 지혜 있는 자에게 교훈을 더하라 그가 더욱 지혜로워질 것이요 의로운 사람을 가르치라 그의 학식이 더하리라

|다가서기|

1. 한 주를 살아오면서 가장 행복했던 순간을 떠올리라. 그리고 그렇게 생각한 이유는 무엇인지 나누어 보라.

이번 한 주! ....

....

....

2. 당신이 생각하는 진정한 영적 회복은 어떤 것인가? 회복이 되면 어떨 것 같은가?

|깊이보기| 느헤미야 12장 27절~13장 3절

본문은 성벽을 완공하고 하나님께 성벽 봉헌 예배를 드리는 장면이다. 봉헌식은 52일 만에 성벽이 완공된 후(6:15) 아마 몇 달 뒤의 일일 것이다. 그 이유는 성벽 완공과 성벽 봉헌식 사이에 칠월

절기 준수(8장)와 언약의 갱신(9,10장), 그리고 백성들의 예루살렘 이주(11장), 그리고 성전 제사 제도의 확립(12:1~26) 등의 절차가 있었기 때문이다. 이렇게 봉헌식을 늦게 한 것은 영적 고양을 위해서일 것이다. 본문은 크게 봉헌식의 준비(27~30절)와 봉헌식의 거행(31~43절), 그리고 곳간 맡은 자의 임명과 역할(44~47절) 등으로 나누어 살펴 볼 수 있다.

3. 느헤미야는 성벽 봉헌식을 위해 크게 세 가지 준비를 한다. 그 첫 번째 준비는 무엇이라고 할 수 있는가?(27절)

4. 성벽 봉헌을 위해서 두 번째로 준비한 것은 무엇인가?(30절 상반절) 어떻게 준비하였을 것 같은가?(참고, 출19:14,15, 레16:23, 민8:21,22, 스6:20)

5. 성벽 봉헌을 위해서 세 번째로 준비한 것은 무엇인가?(30절 하반절) 어떻게 진행했겠는가?(참고, 레14:49~53)

6. 성벽 봉헌식의 특징을 한마디로 무엇이라고 할 수 있겠는가? 왜 봉헌식을 이렇게 진행했다고 생각하는가?

7. 봉헌식은 어떻게 진행되었는지 자신의 말로 묘사해 보라(31~43절). 두드러진 특징은 무엇인가?(42,43절)

8. 봉헌식은 하나님께 드리는 예배였다. 당신은 예배가 무엇이라고 생각하는가? 예배에서 가장 중요한 것은 무엇이라고 생각하는가?(참고, 롬12:1)

9. 성벽 봉헌이 있던 날 봉헌식으로 끝내지 않고 세 번째로 어떤 일을 하였는가?(44절) 그 의미는 무엇이라고 생각하는가?

10. 성벽 봉헌이 있던 날 마지막으로 한 일은 무엇인가? 그렇게 한 이유는 무엇인가?(13장3절)

11. 성벽 봉헌식은 크게 네 가지 두드러진 특징을 가지고 있다. 이 특징이 예배 회복의 네 가지 특징을 내포한다고 할 수 있다. 그것은 무엇이며, 당신에게 부족한 것은 없는지 나누어 보라(30,43,44절).

① 30절 -

② 43절 -

③ 44절 -

④ 13장 3절 -

12. 예배와 삶은 밀접한 연관이 있어서 삶이 무너지면 예배를 드릴 수 없고, 예배가 무너지면 제대로 된 삶을 살 수 없다. 둘 다 무너졌을 때는 무엇부터 해야 할지 느헤미야의 성벽 봉헌식을 묵상하면서 답하라.

|다짐하기|

13. 당신의 예배를 체크 리스트를 통해 점검해 보라. 몇 개의 질문에 ○를 할 수 있었는지 말하고, 예배의 무너진 부분을 회복하기 위해 구체적으로 어떤 결단을 세웠는지도 나누라.

7 Checking for Worship service		
문제	질 문	○표
1	예배를 기다리고 사모하는 마음이 있는가?	
2	예배에 지각하지 않고 준비하는 시간을 갖는가?	
3	예배 때마다 자신을 돌아보고 회개하는 시간을 갖는가?	
4	예배의 모든 순서에 힘을 다해 집중하여 반응하는가?	
5	하나님의 말씀에 설득당하거나 깨닫거나 감동을 받는가?	
6	하나님의 말씀을 듣고 삶에 적용하여 결단하고 있는가?	
7	예배 때 받은 은혜를 기억하기 위해서 애를 쓰는가?	
총 계		개

|관점얻기|

봉헌을 위한 준비(27~30절)

느헤미야는 봉헌식 준비를 위해 먼저 각처에서 레위 사람들을 예루살렘으로 모았다(27절). 이는 그들로 하여금 감사함으로 여호와를 노래하도록 하기 위해서였다. 봉헌식에서 가장 우선시 되었던 것은 자신의 업적을 기리는 것이 아니라 하나님께 감사 찬송을 드리는 것이었다. 그래서 "즐거이" 봉헌식을 거행하려 했다. 28절의 "노래하는 자들"은 아삽과 헤만, 여두둔 등 세 가문의 레위인들로(대상25:1), 이들은 언제든지 성전 예배를 감당하기 위해서 예루살렘 근처에 모여 살고 있었다(28,29절).

그런 다음 제사장과 레위인들을 정결케 하였다(30절). 성경에 기록된 과거의 전통에 따라 속죄를 위한 제사를 드리고, 금식하게 하며, 목욕을 하게하고, 의복을 갈아입게 하는 등의 정결 예식을 하게 했을 것이다(출19:14,15, 레16:23, 민8:21,22, 스6:20). 성벽을 거룩하게 하기 위해서는 우선 이들이 거룩하게 구별되어야 했다.

그 다음에 백성과 성문과 성벽을 정결케 하였다(30절). 이 예식 역시 과거 정결 예식에 근거하여 정결케 된 제사장이 새의 피를 우슬초와 백향목, 홍색실에 묻혀 뿌렸을 것이다(레14:49~53, Myers). 성벽 봉헌식은 행사가 아니라 하나님의 백성들의 거룩함을 훼손하려는 대적들로부터 거룩함을 보호하고 하나님의 거룩한 백성으로 살고자 하는 예배의 회복이었다.

봉헌식의 거행(31~43절)

봉헌식은 먼저 지도자들을 성벽 위에 오르게 하고, 찬양의 무리를 두 떼로 나누어 한 그룹은 시계 방향으로, 한 그룹은 반대 방향으로 대오를 지어 행진하는 것으로 시작되었다(31절). 아마 이 대오의 출발점은 가장 멀리 떨어진 '골짜기 문'인 것으로 추측한다(Williamson). 이 골짜기 문은 느헤미야가 성벽 재건을 위해 처음으로 순찰을 했던 곳이기도 하다(2:12). 두 그룹은 하나님의 성전에서 만났고, 일곱 제사장은 나팔을 들고(41절), 레위인들도 함께 하여, 노래하는 이들이 큰 소리로 찬송하였다(42절). 그날의 봉헌식은 모든 이스라엘 백성들이 참여하였고 그 즐거워하는 소리가 멀리까지 들렸던 예배였다(43절).

곳간 맡은 자의 임명과 역할(44~47절)

느헤미야는 봉헌 예배가 드려진 것으로 그치지 않고 성전에 드려진 헌물을 관리할 자를 세운다(44절). 이는 헌물을 제사장과 레위인들에게 정상적으로 돌아가게 해서 성전 예배와 업무가 차질이 없도록 한 것이다. 성전에서 노래하는 자들과 성전 문지기들도 다윗과 솔로몬의 명령에 따라 일하도록 했다(45,46절).

다시 회복된 성전 예배는 새로운 기준이 아니라 과거에 주셨던 하나님의 말씀을 기준으로 드려졌다. 본 섹션은 모든 성전 사역자들이 역할을 할 수 있도록 하나님께서 규정하신 방식대로 대우를 받게 했다는 점을 전달하고 있다. 동시에 지속적인 예배가 가능하도록 만든 구체적인 준비였던 것이다.

|청년 자기 체크리스트|

아래의 체크리스트를 가지고 오늘 소그룹 모임에 임한 자신의 태도를 충분히 점검해 보라.

점검 사항		5	4	3	2	1
준비 및 예습	본 과를 준비하면서 충분히 예습은 하였는가					
	각 과의 분명한 목적은 알고 모임에 임했는가?					
	성령께서 나를 만지시도록 기도로 준비하였는가?					
	소그룹원들을 위해서 중보하였는가?					
	리더를 위해서 중보하였는가?					
	나를 변화시키실 하나님을 기대하는 마음으로 임했는가?					
참여 및 자세	적극적으로 질문과 대답에 참여했는가?					
	정직하게 자신을 오픈했는가?					
	지체들의 발표에 사랑하는 마음으로 공감적 경청을 하였는가?					
	모임 중 성령의 인도하심을 계속적으로 기도했는가?					
	하나님께서 원하시는 것이 무엇인지 분명히 알았는가?					
	발견된 진리를 삶과 인격에 적용하기로 결단했는가?					
	이번주에 중보할 지체를 발견했는가?					
적용 및 결단	삶과 인격 변화를 위한 이번주 자신의 적용은 구체적인가?					
	배운 내용이 삶의 상황에 분명히 적용되었는가?					
	소그룹 모임에 대한 만족감이 있었는가?					
	배운 내용을 분명하게 정리했는가?					
	이번 과의 주제와 목적을 분명히 알게 되었는가?					
	삶과 인격의 변화를 위해 기도할 준비가 되어 있는가?					
평가	이번주 총점					

"그러므로 내 사랑하는 형제들아 견실하며 흔들리지 말고 항상 주의 일에 더욱 힘쓰는 자들이 되라 이는 너희 수고가 주 안에서 헛되지 않은 줄 앎이라" (고전 15:58)

- 이번주 생일자는?
- 다음주 청년부 행사는?
- 이번 달 암송 구절과 필독서는?
- 이번주 소그룹 특이 사항은?
- 다음주 전도할 대상은?

12과
경건한 삶으로 개혁하기

느헤미야 13장 4~31절

경건한 삶은 좋은 습관을 통해 만들어지고,
좋은 습관은 반복되는 훈련을 통해 형성된다.
훈련은 선한 마음을 가짐으로 시작되고,
선한 마음은 하나님의 기준에 동의함으로 얻게 된다.
그렇기 때문에 경건한 삶은 결단이 필연적이다.
결단을 한다고 해서 경건한 삶이 완성되는 것은 아니지만
일의 시작과 과정을 생각할 때
선한 것을 결단하는 것은 중요한 원칙이다.
그래서 선인들은 '시작이 반이다'라는 말을 하였고,
성경에서도 마음가짐의 중요성을 누차 교훈하고 있다.
하지만 실천으로 표현되지 않는 결단은
기분 좋은 상상에 불과하다.
작은 것이라도 실천하게 될 때
우리는 경건한 삶을 시작하게 된다.

말씀암송 | 잠언 9장 8,9절

거만한 자를 책망하지 말라 그가 너를 미워할까 두려우니라 지혜 있는 자를 책망하라 그가 너를 사랑하리라, 지혜 있는 자에게 교훈을 더하라 그가 더욱 지혜로워질 것이요 의로운 사람을 가르치라 그의 학식이 더하리라

|다가서기|

1. 당신의 삶을 성공적으로 이끌 수 있는 세 가지를 골라 발표해 보라. 그렇게 생각하는 이유는 무엇인가?

돈	명예	사랑	습관	헌신
직업	관계	우정	인맥	가치관
절제	학벌	독서	배우자	가정환경

2. 당신의 삶은 경건한 삶인가? 당신이 생각하는 경건한 삶의 기준은 무엇인지 나누어보라.

|깊이보기| 느헤미야 13장 4~31절

본문은 느헤미야의 두 번째 개혁으로, 아닥사스다왕 32년에 느헤미야가 바벨론으로 갔다가 다시 돌아온 B.C. 432년 이후에 발생한 사건들로 보인다. 1~3절의 이방인 축출 사건을 B.C. 444년경에 있었던 것으로 본다면 본문의 개혁은 시간적인 간격이 있다. 내용은 크게 네 부분으로 살펴볼 수 있는데, 성전의 회복을 위한 개혁(4~9절), 십일조와 사역자의 회복을 위한 개혁(10~14절), 안식일의 회복을 위한 개혁(15~22절), 그리고 공동체의 회복을 위한 개혁(28~31절)이 그것이다. 느헤미야의 일련의 개혁들은 초심을 잃어버리기 쉬운 우리에게 중요한 교훈을 준다.

3. 느헤미야의 개혁은 크게 네 가지로 이루어진다. 첫 번째 문제는 어떤 문제였는가? 그 당시의 상황을 살펴보면서 말해 보라(5~7절).

4. 느헤미야는 그 문제를 어떻게 해결했는가? 이 개혁은 어떤 개혁이라고 정의할 수 있는지, 그리고 경건한 삶을 위해 어떤 시사점이 있는지 나누어 보라(8,9절).

5. 느헤미야가 돌아와서 맞닥뜨리게 된 두 번째 문제는 무엇인가?(10절) 오늘날 교회의 어떤 문제와 유사하다고 생각하는가?

6. 느헤미야는 이 문제를 어떻게 해결했는가? 두 번째 개혁은 어떤 개혁이라고 정의할 수 있으며, 당신에게 시사하는 바는 무엇인가?(11~13절)

7. 느헤미야가 맞닥뜨린 세 번째 문제는 무엇인가? 느헤미야는 이 문제를 어떻게 이해하고 있다고 생각하는가?(15~18절)

8. 세 번째 문제를 느헤미야는 어떻게 처리하였는지 구체적으로 정리해 보라(19~22절).

9. 느헤미야가 맞닥뜨린 네 번째 문제는 무엇이었는가?(23,24,28절) 느헤미야는 이것이 왜 문제라고 생각하는가?(26절)

10. 느헤미야는 이 상황을 어떻게 처리했는가?(25,28,30,31절) 이 개혁이 당신에게 시사하는 바는 무엇인가?

11. 느헤미야는 모든 개혁을 기도로, 말씀의 기준으로, 구체적인 대안을 세움으로 진행하고 있다. 이것은 경건한 삶을 살기 원하는 우리에게 좋은 실천의 본이 된다. 당신에게 부족한 것이 있다면 나누어 보라.

|다짐하기|

12. 당신이 경건한 삶을 살기 위해 개혁해야 할 것 세 가지는 무엇인지 돌아보고 구체적으로 개혁의 계획을 세워 그룹원들에게 나누라.

	개혁해야 할 부분	기도와 말씀과 대안
①		
②		
③		
④		

|관점얻기|

성전 회복을 위한 개혁(4~9절)

느헤미야가 자리를 비운 사이 당시 대제사장이었던 엘리아십이 혈연관계에 있던 암몬 사람 도비야를 위해 하나님의 전 뜰에 방을 만들어 주었다(5,7절). 이에 느헤미야는 도비야의 세간을 내던지고, 하나님의 전의 그릇과 소제물과 유향을 다시 들여놓게 된다. 느헤미야는 하나님을 위한 공간을 대제사장이라는 직분을 이용하여 개인적인 용도로 사용한 것에 대해 분노했다. 느헤미야는 더럽혀진 방을 깨끗하게 하는데 그치지 않고 그 안을 거룩한 것으로 다시 채우는 개혁을 한다. 이처럼 경건한 삶은 비우는 것에 그치는 것이 아니라 그 안을 선한 것으로 채우는 자리까지 가야 한다.

십일조와 사역자의 회복을 위한 개혁(10~14절)

느헤미야는 이미 성벽 봉헌식 때 십일조 제도와 봉사자들을 위한 헌금의 운용을 회복하였다. 하지만 자리를 비운 사이 백성들은 헌금을 하지 않았고, 그래서 레위인들은 먹고 살기 위해서 자기 밭으로 도망하는 일이 벌어졌다(10절). 느헤미야는 십일조를 맡은 민장들을 꾸짖고 다시 레위인들을 불러 제자리에 세운다(11절). 그러자 백성들은 다시 많은 헌물과 십일조를 드렸다(12절). 느헤미야는 이에 그치지 않고 충직한 자로 인정받는 자들을 세워 창고와 헌물 수납을 관장하게 한다(13절). 느헤미야는 잘못된 것을 고치는데 그치지 않고 지속적으로 바르게 행할 수 있는 사역자들을 세워 대안을 삼는다.

안식일의 회복을 위한 개혁(15~22절)

백성들 중에 일부와 예루살렘에 살던 두로 사람 몇이 안식일에 일을 하고 물건을 팔며 안식을 범하자 느헤미야는 모든 유다의 귀인들을 꾸짖었다. 느헤미야는 조상들이 이처럼 안식일을 범하였기 때문에 모든 재앙이 임한 것임을 주지시키며 안식일의 준수를 강조한다. 더불어 안식일에는 아예 하루 종일 성문을 열지 않도록 하여 장사꾼들이 들어오지 못하게 하였고, 레위 사람들을 정결케 하여 성문을 지킴으로 안식일을 거룩하게 지키게 하였다. 안식일 준수를 부르짖는 것으로 그치지 않고 구체적인 방안을 세워 안식일이 지켜지도록 한 것이다.

공동체의 회복을 위한 개혁(23~31절)

백성들 중 몇이 이방 여인을 아내로 맞아, 자녀들이 어머니 쪽 방언은 반쯤 하는데 유다 방언은 하지 못하는 상황이 초래되었다. 그래서 솔로몬이 이방 여인들과 결혼함으로 범죄한 것을 예로 들어 그들을 징계하여 다시는 자녀와 이방인을 결혼시키지 않기로 맹세케 한다. 그리고 본보기로 가장 유력한 집안인 대제사장 엘리아십의 손자인 요야다의 아들 중 산발랏의 사위가 된 자를 쫓아낸다. 어떤 권력자도 하나님의 말씀에 어긋나면 징계받는다는 사실을 예외없이 공론화 한 것이다. 그리고 제사장과 레위인들의 반열을 세워 자기의 일을 맡게 하고, 첫 소산을 하나님께 드리게 했다.

말씀과 기도와 대안의 개혁

느헤미야는 완벽주의적이고 고지식한 성품 때문에 개혁을 단행한 것이 아니었다. 그는 철저하게 말씀을 기준으로 개혁을 단행했다. 그리고 이 모든 개혁을 기도함으로 진행하였다(14, 22, 29절). 뿐만 아니라 구체적인 대안을 제시하고 스스로 실천하는 개혁을 주도하였다. 경건한 삶은 마음만으로 안된다. 하나님의 말씀이 기준이 되어야 하고, 기도하는 마음으로 겸손히 자신을 돌아보며 긍휼을 구해야 한다. 그리고 구체적이고 지속적인 대안을 세워 실천하는 노력이 있어야 한다.

|청년 자기 체크리스트|

아래의 체크리스트를 가지고 오늘 소그룹 모임에 임한 자신의 태도를 충분히 점검해 보라.

점검 사항		5	4	3	2	1
준비 및 예습	본 과를 준비하면서 충분히 예습은 하였는가					
	각 과의 분명한 목적은 알고 모임에 임했는가?					
	성령께서 나를 만지시도록 기도로 준비하였는가?					
	소그룹원들을 위해서 중보하였는가?					
	리더를 위해서 중보하였는가?					
	나를 변화시키실 하나님을 기대하는 마음으로 임했는가?					
참여 및 자세	적극적으로 질문과 대답에 참여했는가?					
	정직하게 자신을 오픈했는가?					
	지체들의 발표에 사랑하는 마음으로 공감적 경청을 하였는가?					
	모임 중 성령의 인도하심을 계속적으로 기도했는가?					
	하나님께서 원하시는 것이 무엇인지 분명히 알았는가?					
	발견된 진리를 삶과 인격에 적용하기로 결단했는가?					
	이번주에 중보할 지체를 발견했는가?					
적용 및 결단	삶과 인격 변화를 위한 이번주 자신의 적용은 구체적인가?					
	배운 내용이 삶의 상황에 분명히 적용되었는가?					
	소그룹 모임에 대한 만족감이 있었는가?					
	배운 내용을 분명하게 정리했는가?					
	이번 과의 주제와 목적을 분명히 알게 되었는가?					
	삶과 인격의 변화를 위해 기도할 준비가 되어 있는가?					
평가	이번주 총점					

"그러므로 내 사랑하는 형제들아 견실하며 흔들리지 말고 항상 주의 일에 더욱 힘쓰는 자들이 되라 이는 너희 수고가 주 안에서 헛되지 않은 줄 앎이라" (고전 15:58)

- 이번주 생일자는?
- 다음주 청년부 행사는?
- 이번 달 암송 구절과 필독서는?
- 이번주 소그룹 특이 사항은?
- 다음주 전도할 대상은?